蔬菜全产业链数字化管理应用

黄国东 等 主编

中国农业出版社

农村读物出版社

北　京

主　　编：黄国东　黄德昌　周尔槐　吴庆中
副主编：朱　路　张会国　郭丽虹　张晓燕
　　　　　易钰程　陈学军　万新建　欧阳冬梅
　　　　　聂　训
参编人员：黄招娣　艾德强　王　龙　李欣怡
　　　　　弓　艺　熊云飞　陈　开　武茵博
　　　　　肖凤莲　黄啸峰　方　荣　刘银泉
　　　　　黄瑞荣　关　峰　黄　蓉　周坤华
　　　　　邹　婧　黎鑫林　游新明　黄　鹃
　　　　　刘路琳　蔡小伟　赵晓东　戴小权
　　　　　刘新生　吴　茵　蔡裕山　陈雪莲
　　　　　张继富　陈保玲　陈　蕾　吴　燕
　　　　　李少伟　胡慧珍　陈紫欣　张景云
　　　　　石　博　张　倩　熊玉琴　陈　冲
　　　　　陈飞鹏　江　爽　杨　明　朱　琦
　　　　　龚　文　龙小平

前言

数字时代，数字经济蓬勃发展。数字经济是新发展理念和绿色发展的生动实践，为推动人与自然和谐发展提供了绿色发展新模式、新方式。农业是立国之本，农业的出路在现代化，农业现代化的关键在科技进步。品种培优、品质提升、品牌打造和标准化生产，提升了农业质量效益和产品竞争力，引领着农业数字化发展方向。

蔬菜产业是我国农业的重要组成部分，也是带动农民增收的主要产业之一。"菜篮子"工程是政府的一项重要民生工程。借助于新一代信息技术，能够实现蔬菜产业数字化，推进数字乡村建设，推进智慧农业发展，促进信息技术与农机农艺的融合应用。蔬菜产业数字化是农业数字化转型的重点之一，已成为蔬菜产业发展的新举措、新动力，对提高土地产出率、资源利用率、劳动生产率，增强农业抗风险能力、市场竞争力、可持续发展能力，实现农业增效、农民增收，保障农产品质量安全具有重要意义。

江西省位于长江中下游南岸，是江南的"鱼米之乡"，全省气候温暖、雨量充沛、无霜期长，为亚热带湿润气候，十分有利于蔬菜生产。随着人们健康意识的逐步提高，消费绿色食品、有机食品成为时代发展趋势，蔬菜全产业链数字化管理有着很好的发展前景。

科技特派员是党的"三农"政策的宣传队、农业科技的传播者、科技创新创业的领头羊、乡村脱贫致富的带头人。参编的科技特派员秉持初心、牢记使命,在总结多年的生产实践经验和最新科研成果的基础上,广泛吸收国内外先进经验,完成了本书的编写。本书将新一代信息技术与蔬菜产业相结合,分析信息技术在蔬菜产业从生产到销售全产业链的运用。内容共分为 8 章,包括蔬菜全产业链数字化发展概述、蔬菜种苗繁育的大数据应用、物联网在蔬菜生产中的监控应用、蔬菜种植过程的水肥一体化应用、蔬菜种植的大数据应用、蔬菜的现代仓储包装、蔬菜的冷链物流、蔬菜产业链数字化营销等方面,图文并茂,清晰直观,具有较强的实用性和指导性。

本书编写得到了高安物联网科技特派团、吉州蔬菜科技特派团、高安蔬菜科技特派团等技术团队的大力支持,在此表示感谢。希望本书的出版有助于江西省蔬菜全产业链数字化的发展,在以科技促进巩固脱贫攻坚成果和乡村振兴中贡献一份力量,为其他省份蔬菜全产业链数字化发展提供借鉴。

由于水平有限,加之时间仓促,书中难免有不妥之处,敬请各位专家和广大读者批评指正。

编　者

2023 年 12 月

目 录
CONTENTS

1 蔬菜全产业链数字化发展概述

1.1 数字农业发展趋势

数字经济是新时代最具有创新性和成长性的新经济业态，是推动经济高质量跨越式发展的重要举措，充分发挥数字技术对经济发展的放大、叠加、倍增作用，实现数字产业化、产业数字化。随着新一代信息技术的高速发展，新一代信息技术的交叉学科呈现快速发展趋势，具体表现为计算机、通信、物联网等学科与其他学科的融合。农业领域学科（农学、生态学、生物学、植物学、土壤学等）与新一代信息技术有机融合的交叉学科得到重视。随着数字孪生定义的提出，用于农业生产的机械设备形成智能化发展趋势，农业机械的不断进步使得农业生产的速度得到提升，大量农业劳动力得到解放。数字农业的概念被学术界正式提出。数字农业被定义为以新一代信息技术为支撑的信息化农业技术，有机融合多种农业领域相关学科，能够实现对农业生产过程的监控与决策，提高农业生产质量与产量。

在发达国家，数字农业发展起步较早，现在已经能成熟地在农业生产中运用计算机网络技术、通信技术、定位技术等技术，实现对农业生产的监测与控制。我国的数字农业发展相对而言起步较晚，在技术应用方面与发达国家相比还有着一定的差距。20 世纪 80 年代，美国提出精确农业的概念，并在此方面取得了一定的成果，为其数字农业的发展奠定了基础。现如今，美国运用物联网信息技术对农业生产进行变革，用占总人口不到 2%的农业生产者解决了全国的粮食问题，并且成为农产品出口大国。在荷兰，其土地资源匮乏、光照不足、地势低洼的自然条件极其不利于农业发展，但随着荷兰政府对数字农业的高度重视，越来越多的信息技术被运用到农业生产中，荷兰的农业开始蓬勃发展。荷兰用其稀缺的耕地资源，建立了全世界 1/4 的现代温室，实现了农业生产的自动化、智能化，成为农产品净出口全球第一位的国家。

近几年，随着政府对数字农业的发展越来越重视，我国数字农业快速发展，突破了一批数字农业关键技术，并将研究出的新技术应用于实际农业生产中，逐渐地形成了我国自主的数字农业技术体系，我国数字农业的发展趋势逐渐上升。在支持数字农业发展方面，国家先后出台了一系列推进数字农业健康发展的政策文件。2021 年中央 1 号文件《中共中央　国务院关于全面推进乡村振兴加快农业农村现代化的意见》第十条指出：要强化现代农业科技和物质装备支撑；坚持农业科技自立自强，完善农业科技领域基础研究稳定支持机制，深化体制改革，布局建设一批创新基地平台。2022 年中央 1 号文件《中共中央　国务院关于做好 2022 年全面推进乡村振兴重点工作的意见》第十六条指出：实施"数商兴农"工程，推进电子商务进乡村；促进农副产品直播带货规范健康发展；开展农业品种培优、品质提升、品牌打造和标准化生产提升行动，推进食用农产品承诺达标合格证制度，完善全产业链质量安全追溯体系。在该文件第二十四条中明确指出：大力推进数字乡村建设；推进智慧农业发展，促进信息技术与农机农艺融合应用；加强农民数字素养与技能培训。2022 年 3 月江西省委、省政府印发了《关于深入推进数字经济做优做强"一号发展工程"的意见》，文件中明确表示：推动农业数字化转型，培育农业物联网示范基地，深化卫星定位、物联网、大数据、无人机等技术应用，建设基于区块链技术的农产品追溯机制，支持新一代信息技术与农业装备制造业融合发展；深化"互联网＋"农产品出村进城工程，发展农产品直播带货等新模式，进一步提升"生态鄱阳湖·绿色农产品"品牌影响力；培育数字新农人、乡创客，发展休闲农业、创意农业、定制农业等新业态。这些政策文件充分说明国家高度重视数字农业的发展。

在我国良好政策的支持下，数字农业有着巨大的发展潜力和市场前景。以下是数字农业发展的九大趋势。

（1）降低数字农业的生产成本。农民想要实现农业生产全流程的数字化，需要花费几十万元甚至上百万元。这个价格对于普通的农民来说是无法承受的，因此降低数字化花费的需求变得越来越强烈。

（2）降低数字农业设备的上手难度。农民的文化程度普遍不太高，要能熟练地使用设备对农业生产进行监控，设备就不能过于复杂，而应简单易懂。

（3）使农业专家能够参与生产。在传统农业的生产过程中，农业专家往往是缺席的，一些不规范的行为会对生产产生影响，数字农业具有解决这一问题的能力。利用网络平台，农民在生产时能够联系到专家，解决遇到的问题。

（4）加强相关人员在生产中的协作。智慧农业使农业生产链各个环节中人的分工更加清晰明确，如专家负责解决相关农业问题，农民负责生产。

（5）对农产品进行溯源。如今人们对生产过程透明度的要求越来越高，为使人们吃得安心，使用数字农业中的监控技术让消费者观察到农产品生产过程，实现农产品安全追溯，让消费者买得更加安心、吃得更加放心。

（6）利用数字农业带动其他产业发展。随着数字农业发展得越来越好，与数字农业相关的产业也将发展得越来越好。数字农业将会对农业、农村、农民（"三农"）工作产生越来越大的帮助。

（7）加强数字农业与其他行业的融合。数字农业与其他行业可以协同发展，如农业与旅游业结合形成农旅融合共同发展。

（8）利用互联网增强数字农业营销。数字农业与互联网密不可分，互联网是目前获取信息和传播信息最方便的渠道，数字农业在互联网上可以进行很好的营销。

（9）数字农业终将会被超越。数字农业并不是农业发展的终点，未来会有新的农业生产方式来取代数字农业，其必然具有更加先进的技术。

1.2 数字农业在蔬菜全产业链的应用

早期我国蔬菜生产集约化、规模化、产业化程度不高，一般都是较为零散的农户种植经营，蔬菜种植也未形成规模。随着我国城市化、工业化的发展，城市周边的农业散户种植满足不了消费需求，具备交通、气候、区位优势的地区开始逐渐形成各种蔬菜生产供应基地，并根据市场发展规律的变化，形成了多种样式的蔬菜全产业链模式。

蔬菜全产业链经过了几个阶段的变化，其中专业组织合作模式应用较为广泛。专业组织合作模式的蔬菜全产业链可实现自产自销，同时利用政府的组织管理能力，将蔬菜产业的发展置于政府的监督和管理之下，实现蔬菜产业生产和管理规范化发展。通过政府对专业合作社的运行和管理，实现蔬菜生产、加工、销售一体化。

我国专业组织合作模式的蔬菜全产业链可分为上游、中游和下游 3 个层面的产业。专业组织合作模式的蔬菜全产业链框架，如图 1.1 所示。

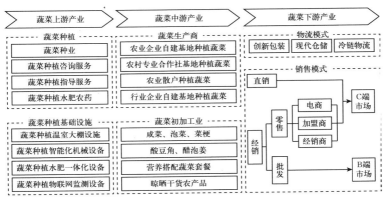

图 1.1　专业组织合作模式的蔬菜全产业链框架

蔬菜上游产业包括蔬菜种植和蔬菜种植基础设施两大类。蔬菜种植主要包括蔬菜种业、蔬菜种植咨询服务、蔬菜种植指导服务、蔬菜种植水肥农药等蔬菜上游产业；蔬菜种植基础设施主要包括蔬菜种植温室大棚设施、蔬菜种植智能化机械设备、蔬菜种植水肥一体化设备、蔬菜种植物联网监测设备等蔬菜上游产业。

蔬菜中游产业包括蔬菜生产商和蔬菜初加工业两大类。蔬菜生产商主要包括农业企业自建基地种植蔬菜、农村专业合作社基地种植蔬菜、农业散户种植蔬菜、行业企业自建基地种植蔬菜等蔬菜中游产业；蔬菜初加工业主要包括初加工咸菜、泡菜、菜梗，初加工酸豆角、醋泡姜，营养搭配蔬菜套餐，晾晒干货农产品等蔬菜中游产业。

蔬菜下游产业包括物流模式和销售模式两大类。物流模式主要包括创新包装、现代仓储和冷链物流等蔬菜下游产业；销售模式主要有针对 B 端、C 端市场的零售和批发。

上下游信息打通，各取所长。蔬菜供应链很长，各环节相关人员各司其职。上游专注于做好生产成本和品质把控，下游对接不同销售渠道。上下游信息打通，形成利益共同体，利润共享、风险共担。

渠道下沉，打造生产商品牌。目前，蔬菜还没有强势的生产商品牌，仅在批发市场售卖，采购商会因为价格、质量等因素不断变换商家，这种黏性是不可持续的。通过渠道下沉，打通整个产业链，将品牌推出去，与终端消费者建立连接，最终服务好客户产生附加值。下游进而反哺供应链，形成良性的正循环。

蔬菜产业是保障城乡"菜篮子"有效供给的民生产业。蔬菜作为人们生活中最常见的食材，起到满足人们食物需求的重要作用。除食用价值外，蔬菜有着巨大的经济价值。蔬菜产业的蓬勃发展，对增加农民收入、促进农村农业现代化发展、改善农民生活质量有着巨大的推动作用。大力发展蔬菜产业，可以助力农村发展。

农业互联网平台的构建，为蔬菜全产业链的各个环节提供了前后延伸的可能。从理论上讲，传统蔬菜产业链上的任何一个环节在新型蔬菜全产业链中都有可能成为占据优势地位的市场主体，加工企业、生产企业、零售企业等都可以成为产业链中的"链主"。在生产端，"公司＋现代化种植场"的模式带领更多农民致富，虽然种植规模翻了数十倍，但由于各种现代化农业设备及信息技术的运用，反而提高了工作效率，降低了工作强度,众多农民被吸引到产业链中来;在销售端,改变单一的线下销售,转变为依靠互联网的线上销售以及线下销售相结合的模式,扩大销售途径,让更多的消费者发现产品,依靠产品质量,打造产品品牌,提高产品知名度。

以下是数字农业技术在蔬菜全产业链中的具体应用。

(1)在蔬菜生产各时期的应用。蔬菜在不同生育期有着不一样的环境需求,根据这一情况利用物联网技术调节蔬菜在不同阶段的生长环境,为蔬菜提供最适合其当前阶段的生长条件,让蔬菜生长得更好、产量更高。

① 在准备阶段,安装传感器采集土壤成分的信息,根据相关信息选择出最适合在该土壤中种植的农作物。

② 在培育阶段,利用远程通信技术对培育农作物的环境进行调节,使作物获取充足的养分,并始终处于适宜生长的环境中。

③ 在生长阶段,利用物联网技术在合适的时候进行浇水、施肥,让农作物及时获取水分与营养。

④ 在收获阶段,利用物联网技术采集蔬菜的有关信息,判断是否可以采摘。机器采集蔬菜的过程,如图 1.2 所示。

(2)环境预警和检测。利用传感器实现对大棚的动态监控,采集当前大棚内的二氧化碳浓度、光照度、温度、湿度等信息。将这些信息传递给技术人员,依据得出来的结果利用远程通信对大棚内的农作物采取相应举措,通过该举措达到帮助农作物生长的目的。

(3)预报病虫害。物联网技术不仅能采集二氧化碳浓度、光照度、温度、湿度等信息,还能对蔬菜病虫害的情况做出预警,让种植户在病虫害变得更加严重前获取病虫害的信息,并及时采取措施解决病虫害的问题。蔬菜重大病虫害数字化监测

图 1.2　机器采集蔬菜的过程

预警系统为防治病虫害发生提供了强有力的支持，减少了对环境和蔬菜造成的损伤，提升了防治效果，推动了现代绿色农业的发展。

（4）远程指导和远程控制。传感器技术对大棚内环境进行监控，获取相关环境信息，技术人员依据获取的相关信息，对种植人员进行远程指导与帮助，或者直接利用远程通信技术控制大棚内的设备，实现远程控制蔬菜生长。蔬菜种植智能化大棚，如图 1.3 所示。

图 1.3　蔬菜种植智能化大棚

（5）视频监控技术的应用。在大棚内安装摄像头，监控大棚内蔬菜生长状况以及环境条件，有助于技术人员开展视频回放追溯工作，并提供生产相关视频资料。目前，采用 5G 技术可以实现对大棚蔬菜种植的视频监控，有利于种植人员和技术人员开展工作。

（6）农产品安全追溯。农产品安全溯源记录了农产品从生产、加工到销售的全部数据，让消费者和生产者有据可查，实现农产品的安全追溯。

1.3 蔬菜全产业链数字化发展的作用与意义

蔬菜全产业链数字化发展对蔬菜的生产与销售有着推动作用，对生态环境起到改善作用，同时还对其他农产品的生产销售起到示范作用。

蔬菜全产业链数字化使用传感器对蔬菜生产过程进行实时监控，利用云计算等技术处理分析数据，并对生产设备进行远程调控。使用智能机械劳动代替传统人力劳动，在解放生产力的同时提高生产的效率，不仅提高了蔬菜产量，而且有效保证了蔬菜质量。蔬菜全产业链数字化颠覆了传统蔬菜生产组织体系结构，以先进科学技术为生产手段、以高水平农机装备为生产工具，具有非常高的技术密集度和综合生产能力，使蔬菜生产变得越来越像一家工厂，让蔬菜生产的抗风险能力变得更高。

蔬菜全产业链数字化利用大数据对市场进行分析，线下销售与线上销售相结合，拓宽销售范围，并对蔬菜生产到销售各环节进行实时监控，更好地保障了蔬菜质量安全，让消费者能更放心地购买蔬菜。

蔬菜全产业链数字化使生态环境得以改善。数字农业应用于蔬菜生产，采集生产过程中的相关数据，技术人员对采集到的数据进行分析，合理使用药物，减少对生态环境的破坏，在保护"绿水青山"的同时收获"金山银山"。

蔬菜全产业链数字化使蔬菜产业发展更加绿色、更加长远。蔬菜全产业链数字化的应用使蔬菜生产成本变得更低，蔬菜质量更加安全可靠，并降低交易风险，提高各个环节的效率。使用更少的劳动力获得更大的收益，让蔬菜生产效益变得更高。

蔬菜全产业链数字化对其他农产品生产销售起着很好的示范作用。其他农产品可以像蔬菜一样在生产过程中运用物联网信息技术等实现全流程监控，提高产量与质量，实现类似的运输智能化、销售平台化。蔬菜全产业链数字化发展可以刺激其他农产品产业发展，使其更加智能化、数字化。

蔬菜全产业链数字化提高了蔬菜经济效益，增加了农民收入，促进了农业农村现代化发展，提高了农民生活质量，有利于实现乡村振兴。

1.4　本章小结

本章简单阐述了数字农业的发展趋势，并从上游、中游、下游 3 个方面介绍了蔬菜全产业链以及数字农业在蔬菜全产业链中的应用，通过生产、销售、环境、示范 4 个方面讲述了蔬菜全产业链数字化发展的作用与意义。

2 蔬菜种苗繁育的大数据应用

2.1 蔬菜种类

蔬菜作物种类繁多，据统计，世界范围内共有200多种蔬菜，在同一种类中，还有许多变种，每一变种中又有许多品种。为了便于学习和研究，需要对蔬菜进行分类。常见的蔬菜分类方法有3种，分别为食用器官分类法、植物学分类法和农业生物学分类法。

（1）食用器官分类法。蔬菜按照食用器官分类法可以分5类，分别为根菜类蔬菜、茎菜类蔬菜、叶菜类蔬菜、花菜类蔬菜、果菜类蔬菜。其中，根菜类又分为肉质根菜类和块根菜类，茎菜类又分为地上茎菜类和地下茎菜类，叶菜类又分为普通叶菜类、结球叶菜类、辛香叶菜类和鳞茎叶菜类，果菜类又分为茄果类、荚果类和瓠果类。

（2）植物学分类法。植物学分类法是依照植物自然进化系统，按照科、属、种和变种进行分类的方法。我国普遍栽培的蔬菜，除食用菌外，大多数属于种子植物门双子叶植物纲和单子叶植物纲的不同科。其中，单子叶植物分为禾本科、百合科、天南星科、薯蓣科、姜科，双子叶植物分为藜科、落葵科、苋科、睡莲科、十字花科、豆科、伞形科、旋花科、唇形科、茄科、葫芦科、菊科、锦葵科、楝科。两者合起来共有19科。

（3）农业生物学分类法。参照蔬菜植物学分类法和食用器官分类法，根据各种蔬菜的主要生物学特征、食用器官的不同，并结合其栽培技术特点，将藻类和蕨类植物以外的蔬菜分为 15 类，分别为根菜类、绿叶菜类、白菜类、甘蓝类、芥菜类、薯芋类、葱蒜类、茄果类、瓜类、豆类、水生蔬菜、多年生及杂类蔬菜、食用菌类、野生蔬菜和芽苗类。

本章主要以农业生物学分类法对蔬菜进行分类，下面是一些常见蔬菜的介绍。

2.1.1　绿叶菜类蔬菜

绿叶菜类蔬菜是一类主要以鲜嫩的绿叶、叶柄和嫩茎为产品的速生蔬菜。以下是对绿叶菜类蔬菜的一些介绍。

（1）常见的绿叶菜类蔬菜有芹菜、卷心菜、白菜、青菜等。

① 芹菜。芹菜是人们常吃的蔬菜之一，在我国栽培始于汉代，起初只作为观赏栽培，后来逐渐扩大栽培范围作为食物食用，目前我国南北各省份均有栽培。芹菜的营养价值高，含有丰富的蛋白质、胡萝卜素、碳水化合物以及维生素和微量元素。此外，芹菜还有一定的药用价值，能够起到降低血压、润肺止咳的作用。

② 卷心菜。卷心菜在我国各地均有栽培，可作为蔬菜及饲料用，是我国重要蔬菜之一。卷心菜营养丰富，富含蛋白质、维生素、纤维素以及矿物质元素等对人体有益的物质。卷心菜的园艺变种颜色艳丽，常被作为观赏植物用于美化环境。

③ 白菜。白菜是我国最普遍的蔬菜之一，5 月开花，6 月结果，原产于华北地区，现我国各地均有种植栽培。白菜比较耐寒，食用方式多种多样，也有一定的药用价值。

④ 青菜。总状花序顶生，呈圆锥状；萼片长圆形，白色或黄色；4 月开花，5 月结果。原产于亚洲。青菜也是我国最常见的蔬菜之一，在我国各地均有种植栽培，在长江流域青菜种植比较多。青菜具有丰富的营养价值和一定的药用价值。

（2）绿叶菜类蔬菜营养特点。

① 富含膳食纤维。膳食纤维能提升饱腹感，促进肠道蠕动，有助于控制胆固醇水平，保护机体免受痔疮、便秘以及结肠癌等疾病侵袭。

② 低热量。每 100 克绿叶菜类蔬菜平均热量不到 130 千焦，而且体积较大，食用后有很强的饱腹感，对减肥有很好的效果。

③ 富含维生素 C。维生素 C 是一种天然抗氧化剂，能缓解细胞氧化衰老，提升机体免疫能力。每 100 克绿叶菜类蔬菜能提供每日维生素 C 推荐摄取量的 35%，食用 250 克绿叶菜类蔬菜就能满足每日维生素 C 的需求。

④ 富含叶酸。叶酸能预防胎儿畸形、神经缺陷及心血管疾病。每 100 克深绿色蔬菜可以提供每日叶酸推荐摄取量的 40%。

⑤ 高浓度维生素 K。维生素 K 不仅可以促进凝血，还可以增强骨骼中骨细胞活性，有潜在增加骨量的作用；维生素 K 还可以抑制大脑中神经元的损伤，对治疗阿尔茨海默病有一定帮助。

⑥ 富含矿物质元素。绿叶菜类蔬菜富含镁、钙、铜、锰、硒、锌、铁、钾等矿物质元素，如荠菜、油菜同质量下含钙量甚至媲美牛奶。

⑦ 富含黄酮类多酚抗氧化剂。例如，叶黄素、胡萝卜素、隐黄素、绿茶多酚等物质，有助于抗氧化，对美容养颜有着良好效果，并且还有助于预防肺癌和口腔癌的发生。

⑧ 富含叶绿素。叶绿素掌握着绿叶类蔬菜的命脉，叶绿素对身体健康有着巨大作用：其能抗氧化，抗突变，抗炎症，抑制癌细胞，清除重金属污染，减轻黄曲霉毒素致癌效果，降低因食用过多红肉而引起肠癌的概率。

（3）绿叶菜类蔬菜种植注意要点。绿叶菜类蔬菜按照耐寒性可分为耐寒型绿叶菜和不耐寒型绿叶菜。耐寒型绿叶菜如芹菜、菠菜、冬寒菜等，适合秋播秋收、春种春收，或者秋种来年收，在高温条件下种植此类蔬菜不利于其生长，会影响蔬菜品质和产量。不耐寒型绿叶菜如苋菜等，在温度低于 10 ℃时往往会停止生长，适合夏种夏收或者春种夏收。

绿叶菜类蔬菜不仅营养价值高、种类多，还有着生长时间短、生长速度快、采摘方便的特点。多种绿叶菜类蔬菜播种后约 1 个月就已成熟，可以进行售卖。绿叶菜类蔬菜生长较快，可在 1 年内多次（6～7 茬）种植。因此，将不同种类的蔬菜进行合理分配种植，就可以实现各种绿叶菜类蔬菜在一整年内生产与销售。绿叶菜类蔬菜体积较小，种植需要的空间也较小，可以充分利用土壤资源来提高绿叶菜类蔬菜产量，增加种植绿叶菜类蔬菜的收益。绿叶菜类蔬菜如图 2.1 所示。

图 2.1　绿叶菜类蔬菜

2.1.2 芽苗类蔬菜

芽苗类蔬菜是各类谷类、豆类、树类种子培育出的可以食用的"芽菜",也称"活体蔬菜"。以下是对芽苗类蔬菜的一些介绍。

(1) 常见的芽苗类蔬菜有苜蓿芽、黄豆芽、豌豆苗等。

① 苜蓿芽。苜蓿芽是一种低热量且营养丰富的天然碱性食物,其所含蛋白质是小麦的 1.5 倍,并含有矿物质、维生素等营养成分。苜蓿芽的蛋白质含量高于其他豆类,且含有丰富的维生素 E,能减少促进老化的过氧化脂质产生,强化血管以及使血液循环更加顺畅,具有防止老化、美化肌肤的功效。

② 黄豆芽。黄豆芽是一种味道鲜美、营养丰富的蔬菜,含有较多蛋白质和维生素。战国时期就已有黄豆芽,称为"黄卷",传说当时主要作为药用。

③ 豌豆苗。豌豆苗又名龙须菜、龙须豆苗、蝴蝶菜,是以豌豆的幼嫩茎叶、嫩梢作为食用部分的一种蔬菜。豌豆苗口味清香、营养丰富。

(2) 芽苗类蔬菜营养特点。

① 富含抗坏血酸和胡萝卜素。芽苗类蔬菜含有丰富的抗坏血酸和胡萝卜素,对心脏病和高血压有一定的预防作用。

② 富含矿物质元素。芽苗类蔬菜中钾、铁和锌等一些矿物质元素含量较高,可以抑制癌细胞生成、降低血脂、预防心脑血管等疾病。

③ 富含维生素和植物活性蛋白。芽苗类蔬菜含有丰富的维生素和植物活性蛋白,有助于抗疲劳、抗衰老、降血脂和降血压。

（3）芽苗类蔬菜种植注意要点。芽苗类蔬菜生产方法简单，场地不限，而且生产周期短、投资少、见效快，可多层次、立体化、规模化、集约化生产。以豌豆苗生产为例介绍如下：

① 种子选择。豌豆品种应选择种皮厚、千粒重小的小粒品种，要求籽粒饱满、发芽势强、发芽率高于95％。

② 种子处理。剔除霉变、破损、虫害的劣种，选择晴天晒种2~3天，用清水浸泡16~20小时后取出，滤干水分后置于20~30℃温度条件下催芽，注意及时淋水、翻动和查看，防止伤芽和烂根。待75％以上的种子萌动后，取出洗净播种。

③ 播种。芽苗类蔬菜生产应选用透水性良好的专用生产盘，一般规格为65厘米×26厘米×5厘米。播种前洗净生产盘并消毒。对于大颗粒种子，盘内可直接放种子进行栽培。若种子粒径比较小，盘内基质可用发芽纸、无纺布等，浸湿铺于盘底。播种时将种子均匀播于盘内，每盘用种量为400~600克，生产盘上用黑膜覆盖遮光，放于育苗架上。播种后随时通风降温，保持白天温度25℃左右，夜间温度15℃左右。一般5~8天后逐渐揭膜见光绿化直至收获。为保证幼苗见绿均匀，一般每隔1~2天要上下、左右交互换盘，保持幼苗嫩绿。

④ 温度。刚播种时将温度控制在18℃有利于种子发芽。待种子萌动发芽后，将温度控制在23℃有利于种子生长。

⑤ 湿度。豌豆芽苗柔嫩多汁，需水量大，要保证每日2~4次喷水保湿，夏季多喷，冬季少喷。喷水量不宜过大，以苗盘内基质湿润为宜，避免水滴滴入下层盘内。还需浇湿室内地面，保持栽培环境内较大的空气湿度。芽苗类蔬菜如图2.2所示。

图 2.2 芽苗类蔬菜

2.1.3 瓜类蔬菜

瓜类蔬菜属葫芦科植物，以果实为食用器官，是我国重要的蔬菜作物之一。以下是对瓜类蔬菜的一些介绍。

（1）常见的瓜类蔬菜有南瓜、丝瓜、黄瓜等。

① 南瓜。南瓜是葫芦科南瓜属的一个种，一年生蔓生草本，雌雄同株，果梗粗壮，有棱和槽，长 5～7 厘米；瓜蒂扩大成喇叭状，瓠果形状多样，因品种而异。原产于中美洲，世界各地普遍栽培，明代传入中国，现在我国南北各地广泛种植。南瓜含有丰富的类胡萝卜素和钴等矿物质元素，对促进人体生长发育有着很好的功效。

② 丝瓜。丝瓜是葫芦科一年生攀缘藤本，雌雄同株，果实圆柱状、直或稍弯，我国南北各地普遍栽培。含有丰富的维生素，对预防维生素 C 缺乏症和促进大脑发育有着很好的功效。

③ 黄瓜。黄瓜是我国各地夏季主要蔬菜之一，种植方式有温室或塑料大棚栽培，现广泛种植于温带和热带地区。黄瓜茎藤可作药用，能消炎、祛痰、镇痉。

（2）瓜类蔬菜营养特点。

① 富含多糖。瓜类蔬菜中富含多糖，多糖对增强人体免疫力有很好的功效。

② 富含钴元素。瓜类蔬菜中矿物质元素成分丰富。其中，钴元素居首位，钴元素具有加快人体新陈代谢、促进造血、参与人体内维生素 B_{12} 合成等功能，钴元素还是人体胰岛细胞合成胰岛素所必需的微量元素。

③ 含有部分脂类。瓜类蔬菜中含有一些脂类物质，对泌尿系统疾病和前列腺增生具有一定的预防作用。

（3）瓜类蔬菜种植注意要点。

① 适时播种。播种时间要根据栽培方式来确定。春提早栽培，或者采用大棚内套小拱棚及地膜栽培，可适当早播。

② 实行轮作。瓜类蔬菜不能连作，提倡轮作。瓜类蔬菜应进行 2 年以上轮作。

③ 病虫害防治。瓜类蔬菜病害主要有霜霉病、疫病、炭疽病、病毒病等。瓜类蔬菜害虫主要有蚜虫、斑潜蝇、黄守瓜、黑守瓜等，可用虫螨克、顺反氯氰菊酯、甲维盐等农药防治。瓜类蔬菜如图 2.3 所示。

图 2.3　瓜类蔬菜

2.1.4 茄果类蔬菜

茄果类蔬菜为茄科植物中以浆果供食用的蔬菜，其营养价值高、用途广泛、经济效益好。以下是对茄果类蔬菜的一些介绍。

（1）常见的茄果类蔬菜有番茄、茄子、辣椒等。

① 番茄。番茄营养丰富、风味独特。可以生食，煮食，加工制成番茄酱、汁或整个罐藏。番茄有生津止渴、健胃消食、清热消暑、补肾利尿等功效，可治热病、伤津口渴、食欲不振、暑热内盛等病症。它有显著的止血、降压、降低胆固醇的作用，对治疗血友病和癞皮病有特殊功效。番茄中的主要营养物质是维生素，除此之外，最重要、含量最多的是一种名叫番茄红素的胡萝卜素。经科学家们证实，番茄红素对人体健康有着诸多益处。

② 茄子。茄子是茄属植物，果可供蔬食；根、茎、叶可入药，为收敛剂，有利尿之效；叶也可作麻醉剂；种子为消肿药，也用作刺激剂，但容易引起胃部疾病及便秘；果生食可解食用菌中毒。茄子营养丰富，含有蛋白质、脂肪、碳水化合物、维生素及钙、磷、铁等多种营养成分，不仅有降低胆固醇的功效，还对痛经、慢性胃炎及肾炎水肿等有缓解作用；茄子还具有降脂、降压、抗衰老等功效。

③ 辣椒。辣椒作为蔬菜和调味品，其种子油可食用，果也有驱虫和发汗之药效。花单生，俯垂；花萼杯状，不显著5齿；花冠白色，裂片卵形；花药灰紫色。果梗较粗壮，俯垂。种子扁肾形，淡黄色。辣椒含有丰富的 B 族维生素、胡萝卜素以及钙、铁等矿物质元素。辣椒能缓解胸腹冷痛，治疗痢疾，杀抑胃腹内寄生虫，促进血液循环，降低血脂，减少血栓

发生。辣椒还可以健胃，促进胃肠道蠕动，促进消化液分泌，改善食欲。

（2）茄果类蔬菜营养特点。

① 富含番茄红素。例如，番茄中含有丰富的番茄红素，作为抗氧化剂能够抗氧化，降低前列腺癌和心血管疾病发病率。

② 富含生物碱。茄果类蔬菜含有丰富的生物碱，对抑制癌症发生、降低血脂、杀菌、通便具有一定作用。

③ 富含维生素、类胡萝卜素。可使体内多余胆固醇转化为胆汁酸，从而预防结石。

（3）茄果类蔬菜种植注意要点。茄果类蔬菜喜温怕冷，遇霜冻即死，也不耐 35 ℃以上的高温，生长过程中要求温暖的环境、充足的光照和良好的通风条件，否则易落花落果，对日照长度不敏感，只要环境条件适宜，就可连续开花结果，适合设施长季节栽培。茄果类蔬菜如图 2.4 所示。

图 2.4　茄果类蔬菜

2.1.5　甘蓝类蔬菜

甘蓝类蔬菜是以叶球、短缩的花薹、球茎和侧芽供食用的蔬菜，在世界各地广泛种植。以下是对甘蓝类蔬菜的一些介绍。

（1）常见的甘蓝类蔬菜有花椰菜、西蓝花、紫甘蓝等。

① 花椰菜。花椰菜是一种很受人们欢迎的蔬菜，营养价值很高，含水量也很高。味道鲜美，还具有很高的药用价值。花椰菜有一定的抗癌防癌功效；有丰富的维生素 K，具有保肝解毒的功效；有丰富的生物活性物质；经常食用还可润肺开胃。

② 西蓝花。西蓝花俗称青花菜，原产于意大利，是常见蔬菜之一。西蓝花是二年生草本植物，是甘蓝的一个变种。西蓝花中的营养成分不仅含量高，而且十分全面，比同属于十字花科的白菜高出很多。西蓝花具有一定的抗癌作用，主要归功于其中含有的硫葡萄糖苷，长期食用可以减少直肠癌及胃癌等发病概率。除了抗癌以外，西蓝花还含有丰富的抗坏血酸，能增强肝脏的解毒能力，提高免疫力。

③ 紫甘蓝。紫甘蓝又称红甘蓝、赤甘蓝、紫圆白菜，是结球甘蓝中的一个类型，由于叶球呈紫红色而得名。原产于欧洲、美洲国家，主要分布于我国东北、西北、华北和华南等地区。紫甘蓝含有丰富的维生素 C、较多的 B 族维生素和维生素 E，以及丰富的花青素和纤维素。

（2）甘蓝类蔬菜营养特点。甘蓝类蔬菜含有的营养物质十分丰富，它能有效促进人体生长，有助于增强身体抵抗力、提高记忆力，起到保护骨骼和牙齿的作用。其中，维生素 K 能够增强肝脏解毒功能，提高人体的免疫能力，同时还能预防癌症发生；维生素 C 具有美白皮肤的作用。

（3）甘蓝类蔬菜种植注意要点。甘蓝类蔬菜适于育苗移栽，一般在阴天或晴天下午进行移栽，一定要带土进行移栽，在起苗前一天充分浇水，这样可以避免在起苗时伤到根部。甘蓝类蔬菜对土壤适应性强，但在有机质高、土层深厚的沙壤土上种植最好。适宜的土壤酸碱度为 5.5～6.6。其耐盐性强，在含盐量较高的土壤中仍能正常生长。甘蓝类蔬菜如图 2.5 所示。

图 2.5　甘蓝类蔬菜

2.1.6　豆类蔬菜

豆类蔬菜的栽培遍及各地，在亚洲的种植面积最大。我国栽培豆类蔬菜的历史悠久，种类繁多。以下是对豆类蔬菜的一些介绍。

（1）常见的豆类蔬菜有豌豆、菜豆、大豆等。

① 豌豆。豌豆全株绿色，光滑无毛，被粉霜。小叶卵圆形，子房无毛，花柱扁。荚果肿胀，长椭圆形。花期 6—7 月，果期 7—9 月。种子及嫩荚、嫩苗均可食用。豌豆具有解毒、利尿、清热的功效，特别是对糖尿病和产后乳汁不下的患者有一定功效，也可制作油炸类休闲食品。豌豆具有较全面且均衡

的营养。豌豆籽粒由种皮、子叶和胚构成。其中，豌豆子叶中蛋白质、脂肪、碳水化合物和矿物质元素含量特别高。豌豆味甘、性平，对脾胃不适、呃逆呕吐、心腹胀痛等病症有食疗作用；有和中下气、利小便、解疮毒的功效。豌豆煮食能消肿胀；用豌豆研末涂患处，可治痔疮；青豌豆和食荚豌豆可有效预防牙龈出血。

②菜豆。菜豆也称四季豆，一年生缠绕或近直立草本，茎被短柔毛或老时无毛，花梗长5~8毫米，荚果形状直或稍弯曲，略肿胀。菜豆含有蛋白质、维生素、胡萝卜素、多种氨基酸和铁等营养成分，对风湿性关节炎有很好的止痛效果，还可以降低血糖生成指数，预防血糖增高。

③大豆。大豆别名黄豆、毛豆，原产于中国，我国各地均有栽培，并广泛栽培于世界各地。大豆是我国重要的粮食作物之一，其种子含有丰富的植物蛋白。大豆蛋白质含量为35%~40%，常用于榨取豆油、酿造酱油和提取蛋白质。

（2）豆类蔬菜营养特点。豆荚是豆科植物特有的果实类型，属于单果中裂果的一种，是由单雌蕊发育而成的果实，如豆目三科的果实。豆类蔬菜富含其他蔬菜所没有的赖氨酸，能促进人体发育、增强免疫力，并有提高中枢神经组织功能的功效；营养丰富，含有较多的蛋白质以及脂肪，不饱和脂肪酸的含量也很高；豆荚富含多种氨基酸，常食用可健脾胃，增进食欲，夏天吃有消暑、清口的作用；豆荚种子可激活淋巴细胞，产生免疫抗体，有抗肿瘤作用。

（3）豆类蔬菜种植注意要点。

①土壤。土质疏松、有机质含量高的壤土或沙壤土种植效果最好。

②肥料。豆类蔬菜的直根发达，有不同形状的根瘤共生，

自身具有固氮作用，对磷、钾等元素需求量较大，生产上提倡稳施基肥。施肥需要分段施肥，苗期根瘤菌固氮能力弱，应适当追肥促进幼苗早发；开花结荚期是营养生长和生殖生长两旺时期，需肥量大，应多施肥。豆类蔬菜如图 2.6 所示。

图 2.6　豆类蔬菜

2.1.7　葱蒜类蔬菜

葱蒜类蔬菜在世界广泛种植，在我国栽培的主要种类有韭菜、大葱、大蒜、洋葱、细香葱、胡葱等，在欧美国家栽培较多的是洋葱、大蒜、韭葱等。以下是对葱蒜类蔬菜的一些介绍。

（1）常见葱蒜类蔬菜有葱、大蒜、洋葱等。

① 葱。葱是百合科葱属植物。鳞茎单生，圆柱状，鳞茎外皮白色，稀淡红褐色；叶片圆筒状，中空，向顶端渐狭，约与花葶等长；花葶圆柱状，中空，高可达 100 厘米，中部以下膨大，总苞膜质，近卵形，先端渐尖，花丝锥形，在基部合生并与花被片贴生；子房倒卵状，花柱细长，4—7 月开花结果。

葱含有蛋白质、碳水化合物、维生素及矿物质等多种营养成分，具有解表发汗、开胃消食、调节血脂的功效。

② 大蒜。大蒜为百合科葱属植物的地下鳞茎。大蒜整棵植株具有强烈辛辣的蒜臭味，蒜头、蒜叶（青蒜或蒜苗）和花薹（蒜薹）均可作蔬菜食用，不仅可作调味料，而且可入药，是著名的食、药两用植物。

大蒜营养成分十分丰富，含有蛋白质、多糖、低聚糖、矿物质、脂肪等物质，还具有很好的食疗以及药用价值。由于大蒜有着杀菌力强、能抵抗多种细菌的特性，近年来，人们越来越重视大蒜。大蒜被称为"植物性天然广谱抗生素"，大蒜制品也成为人们所推崇的保健品。大蒜还具有很强的抗病毒性，能提高免疫力，抗肿瘤；保护心血管系统，抗高血脂和动脉硬化，抗血小板聚集，增强纤维蛋白溶能活性和扩张血管，产生降压作用；保护肝脏，调节血糖水平，降低血黏度，预防血栓。大蒜在生物医药领域有很大的应用开发潜力。

③ 洋葱。洋葱为百合科类草本植物，原产于中亚和地中海沿岸，后传入我国，因其极高的营养价值而在国外被誉为"菜中皇后"。

其鳞茎粗大，近球状；花粉白色；5—7月开花结果。洋葱是一种很常见的家常菜，营养价值较高。除富含众多常见营养物质外，洋葱还含有两种特殊营养物质——槲皮素和前列腺素 A。正是因为有这两种特殊营养物质，洋葱才具有了很多其他食物不可替代的健康功效。具体如下：

a）预防癌症。研究显示，常吃洋葱的人相较于不吃洋葱的人患上胃癌的概率要低。

b）维护心血管健康。洋葱是所知唯一含前列腺素 A 的蔬菜，而前列腺素 A 能扩张血管、降低血液黏度。

c）刺激食欲，帮助消化。对萎缩性胃炎、胃动力不足、消化不良等引起的食欲不振有明显效果。

d）杀菌、抗感冒。洋葱具有很强的杀菌能力，能够消灭与感冒相关的病毒，可治疗由外感风寒引起的头痛、鼻塞、发热等病症。

（2）葱蒜类蔬菜营养特点。葱蒜类蔬菜富含糖分、维生素C以及硫、磷、铁等矿物质元素，并含有杀菌物质（硫化丙烯），有促进食欲、调味、去腥等作用。葱能消肿解毒、健胃消食、预防疾病；蒜能解毒健胃、防治疾病、抗菌杀菌。

（3）葱蒜类蔬菜种植注意要点。由于葱蒜类蔬菜长期生长在昼夜温差大、降水量随季节变化明显的地区，形态上逐渐形成缩短的茎盘、弦状须根、耐旱的叶形、具有储藏功能的鳞茎。葱蒜类蔬菜喜欢凉爽的气候条件，所需空气湿度不高，但所需土壤湿度较高，在中等光照强度下就能正常地生长。葱蒜类蔬菜如图 2.7 所示。

图 2.7　葱蒜类蔬菜

2.1.8　食用菌类蔬菜

食用菌类蔬菜是指可做蔬菜食用的真菌，性喜温暖湿润，多产于温带多雨地区。一般子实体为食用的主要部分。以下是对食用菌类蔬菜的一些介绍。

（1）常见的食用菌类蔬菜有香菇、木耳、灵芝等。

① 香菇。香菇是我国著名的药用菌。很早以前我国就有医药学家使用香菇作为药物来治疗疾病。香菇气味特殊，且有着丰富的营养成分，营养价值与药用价值都很高，是一种药食两用的食物。

香菇含有锌、铜、锰、硒、镁等矿物质元素，这些矿物质元素对维持人体正常代谢有着重要作用，食用香菇能补充多种矿物质元素，对某些矿物质元素缺乏地区儿童的生长发育具有促进作用；香菇中维生素含量较多，还含有麦角甾醇和菌甾醇，能为食用者提供丰富的维生素 D，很好地预防佝偻病；香菇中的香菇多糖能提高免疫力，并且能防治肿瘤，抑制癌细胞生长且无副作用；香菇还具有抗血栓、健胃保肝、预防贫血等功效。

② 木耳。木耳富含蛋白质、脂肪、糖类及多种维生素和矿物质元素，有很高的营养价值。木耳的营养价值可与动物源性食物相媲美，还含有丰富的铁、维生素 K 等物质。每 100 克木耳中含有钙 375 毫克、磷 201 毫克、碳水化合物 65 克、铁 185 毫克、蛋白质 10.6 克。此外，还含有 B 族维生素、维生素 C 和胡萝卜素等。木耳是一种营养丰富、滋味鲜美的副食品。

③ 灵芝。灵芝是灵芝科灵芝属的真菌。盖表有同心环沟，边缘锐或稍钝，往往内卷。菌肉白色至淡褐色，接近菌管处常呈淡褐色，菌管小，管孔面淡白色、白肉桂色、淡褐色至淡黄褐色，管口近圆形，菌柄侧生、偏生或中生，近圆柱形，有较强的漆样光泽。

灵芝具有丰富的药用价值：

a）灵芝可以防治高血脂。灵芝具有预防和治疗高血脂的作用，服用灵芝能够降低人体内的血脂和胆固醇，具有通透血管、使血管软化的作用。

b）灵芝可以保肝解毒。灵芝对肝脏具有保护作用，能够减轻有害物质对肝脏的损伤，帮助肝脏代谢一些药物和有毒物质，减轻肝炎所带来的一些不良反应。

c）灵芝可以抗肿瘤。食用灵芝可以增强吞噬细胞功能，抑制癌细胞生长，而且灵芝对人体几乎没有任何毒副作用。

d）灵芝可以防治心血管疾病。食用灵芝可以预防冠心病、心绞痛等疾病。

（2）食用菌类蔬菜营养特点。食用菌维生素含量丰富，其中维生素 C 含量是辣椒的 1.2～2.8 倍，是柚子、橙子的 2～5 倍。食用菌还富含多种矿物质元素，如磷、钾、钠、钙、铁、锌、镁、锰等，对维持人体机能有很大帮助。例如，香菇不仅含铁量高，还能治疗高血压，甚至有抗癌效果。

（3）食用菌类蔬菜种植注意要点。

① 酸碱度。食用菌类蔬菜喜欢酸性环境，香菇适应的 pH 范围为 4.0～5.5，木耳为 5.0～5.4，双孢蘑菇为 6.8～7.0，金针菇为 5.4～6.0，猴头菇为 4.0，草菇为 7.5。在种植时，加入适量磷酸氢二钾等缓冲物质，使培养基的 pH 保持稳定，在产酸过多时，可添加适量碳酸钙等碱性物质中和 pH。

② 温度。有的食用菌类蔬菜喜好高温，有的喜好低温，需要根据不同的种类调节不同的温度环境。

③ 水分和湿度。食用菌类蔬菜在生长前期对养料中含水量的要求相对较低，在后期需要更多水分来维持生长。

④ 氧和二氧化碳。食用菌类蔬菜都是好气性的，当二氧化碳超过一定浓度时，会对食用菌类蔬菜产生毒害。在种植时，将二氧化碳的浓度控制在一定范围内，食用菌类蔬菜才能正常生长。

⑤ 光照。光照度对菌丝生长的影响不大，但是却对子实体生长发育起着关键作用，几乎没有菌类能在完全黑暗的条件下生长。食用菌类蔬菜如图 2.8 所示。

图 2.8　食用菌类蔬菜

2.1.9　根菜类蔬菜

根菜类蔬菜是以植物膨大的根部作为食用部分的一类蔬菜。按肉质根的生长形状不同，可分为肉质直根和肉质块根两种。以下是对根菜类蔬菜的一些介绍。

（1）常见根菜类蔬菜有白萝卜、芦笋、胡萝卜等。

① 白萝卜。白萝卜是十字花科萝卜属一年生或二年生草本植物。根皮绿色、白色、粉红色或紫色。茎直立，粗壮，圆柱形，中空，自基部分枝。基生叶及茎下部叶有长柄，通常大头羽状分裂，被粗毛，侧裂片 1～3 对，边缘有锯齿或缺刻；茎中、上部叶长圆形至披针形，向上渐变小，不裂或稍分裂，

不抱茎。总状花序，顶生及腋生，花淡粉红色或白色。长角果，不开裂，近圆锥形，直或稍弯。种子缢缩成串珠状，先端具长喙，喙长2.5～5厘米，果壁海绵质；种子1～6粒，红褐色，圆形，有细网纹。

白萝卜在饮食和中医食疗领域都有广泛应用，有着"小人参"的美称，在冬季经常出现在人们的饭桌之上，"冬吃萝卜"已经成为人们的一种饮食习惯。白萝卜营养价值非常高，除了丰富的植物蛋白与维生素C外，它还含有丰富的碳水化合物以及叶酸，不仅能帮助人们减肥，还能降低胆固醇，有利于保持血管弹性。白萝卜依栽培季节可分为秋冬萝卜、冬春萝卜、夏秋萝卜、春夏萝卜、四季萝卜。其中，冬春萝卜是春淡季的主要品种，春夏萝卜是5月蔬菜淡季的主要品种。

②芦笋。芦笋是天门冬科天门冬属（芦笋属）多年生草本植物，直立草本，高可达2米。肉质根粗4～6毫米。茎平滑，上部在后期常俯垂，分枝较柔弱。叶状枝每3～6枚成簇，近扁的圆柱形，略有钝棱，纤细，常稍弧曲，长5～30毫米，粗0.3～0.5毫米；鳞片状叶基部有刺状短距或近无距。花每1～4朵腋生，绿黄色；花梗长8～12毫米，关节位于上部或近中部；雄花，花被长5～6毫米；雌花较小，花被长约3毫米。浆果直径7～8毫米，熟时红色，有2～3颗种子。花期5—6月，果期9—10月。

芦笋嫩茎中含有丰富的蛋白质和维生素。其中，维生素C平均含量为41.4毫克/100克，维生素B_1为80～92.5微克/100克，维生素A的含量是胡萝卜的1.5倍。此外，芦笋含有丰富的钙、磷、钾、铁、锌、铜、锰、硒、铬等矿物质元素。芦笋的脂肪含量和含糖量很低，对减肥有着很好的效果。芦笋还有一定的药用价值，如促进胃肠道内胃液的分泌，能起到开胃健脾的作用；预防细胞癌变，起到抗癌的作用；促进胃肠道消化吸收，去除体内毒素。

③胡萝卜。胡萝卜是伞形科胡萝卜属野胡萝卜的变种，一年生或二年生草本植物，又名红萝卜、丁香萝卜、黄萝卜、金笋。根粗壮，长圆锥形，呈橙红色或黄色。茎直立，高可达90厘米，多分枝。叶片具长柄，羽状复叶，裂片线形或披针形，先端尖锐；叶柄基部扩大，形成叶鞘。复伞形花序；花序梗有糙硬毛；总苞片多数呈叶状，结果期外缘的伞辐向内弯曲；花通常白色，有时淡红色；花柄不等长。果实圆锥形，棱上有白色刺。花期4月。胡萝卜病虫害少，容易栽培，耐储存。

胡萝卜营养丰富，富含胡萝卜素，而胡萝卜素是主要的维生素A源物质。维生素A可以促进生长，防止细菌感染，并具有保护表皮组织，保护呼吸道、消化道、泌尿系统等上皮细胞组织的功能与作用；胡萝卜含有一种槲皮素，常吃可增加冠状动脉血流量，促进肾上腺素合成，有降压、消炎的功效。胡萝卜种子含油量达13%，可驱蛔虫，治长久不愈的痢疾。胡萝卜叶子可防治水痘与急性黄疸肝炎。长期饮用胡萝卜汁可预防夜盲症、眼干燥症，使皮肤丰润、皱褶展平、斑点消除及头发健美。特别是对吸烟的人来说，每天食用适量胡萝卜更有预防肺癌的作用。

（2）根菜类蔬菜营养特点。根菜类蔬菜主要含有维生素C、维生素B_2、钾、膳食纤维等营养成分，虽然这些物质的含量比绿叶菜类蔬菜低，但其含有绿叶菜类蔬菜所含较少的一些物质。例如，胡萝卜中$α$-胡萝卜素和$β$-胡萝卜素含量很高，其中$α$-胡萝卜素含量为3.48毫克/100克，$β$-胡萝卜素含量为4毫克/100克。

（3）根菜类蔬菜种植注意要点。

① 根菜类蔬菜为深根性植物，适宜在土层深厚、肥沃疏松、排水良好的土壤里栽培。

② 切忌在瘠薄、黏重、多石砾的土壤种植，易产生畸形根；根菜类蔬菜不耐移栽，移栽容易损伤根系或块茎，影响产量，播种时多用种子直播。同科的根菜类蔬菜有共同的病虫害，不宜连作。

③ 根菜类蔬菜大多属于异花授粉植物，播种时需严格隔离，以免杂交。根菜类蔬菜如图 2.9 所示。

图 2.9　根菜类蔬菜

2.2　江西特色蔬菜产业

江西是我国农业大省之一，地处长江中下游南岸、南岭以北，气候温和，雨量充沛，无霜期长达 280 天左右，具有典型的亚热带季风性湿润气候的特点，植被种类繁多，生物资源丰富，构成了发展名特蔬菜的自然基础。但降水季节雨量分配不均且年际变化大，导致该地区旱涝灾害发生较为频繁，也给农业生产带来了巨大问题。

2.2.1　江西特色蔬菜产品

地区特色农产品是指在我国传统特色农产品发展中，因为地理环境、科学技术等原因所产生的某些具备独特形态和品质的新特色农产品。相对于普通特色农产品而言，地区特色农产品通常具备较突出的地方特点、优异质量和独特功能。江西的特色农产品种类多、数量大，有巨大的优质农产品供给能力。

以下是江西省特色蔬菜品种。

（1）百合。江西省宜春市万载县有着"百合故里"的美誉，也是"中国百合产业示范区"，是我国3个主要百合栽培基地之一。万载百合已有500余年的栽培与生产史，特别是龙牙百合在我国历史上久负盛名。龙牙百合是万载县的一个古老品牌，头大、片长、肉厚、花心实、颜色白、香味好、营养丰富、疗效突出。自宋代以来，万载龙牙百合粉就一直为历朝贡品。

（2）生姜。生姜在江西种植历史源远流长，分布范围广泛，其中以兴国九山姜、九江上黄老门姜、临川七里岗姜栽培历史最为悠久，这三地生姜都有着独特的地方特色与生产栽培储藏加工工艺。长期以来，鲜姜及加工制品在国内备受青睐。其中，兴国九山姜表皮金黄、颜色鲜亮、肉质肥嫩、粗壮无筋、甜辣滑润、入菜不馊。

（3）大蒜。江西闻名遐迩的大蒜有龙南大蒜、都昌大蒜、上高大蒜、高安大蒜。其种植历史悠久，以蒜味浓、鳞茎粗壮、瓣大、质量优、种植面积大而闻名。仅龙南每年的种植面积就达到了2 000亩*，年产大蒜在100万千克左右。目前，我国已是世界上最大的大蒜生产地和出口商之一，江西的大蒜品种优良、质量好、产量高、出口潜力大。

（4）山药。山药又称淮山，在江西种植历史悠久，菜、药并用，品种繁多，为珍贵的保健蔬菜。广泛种植于南城、永

---

*　亩为非法定计量单位。1亩＝1/15公顷。

丰、泰和、赣州、萍乡、上高、瑞昌等地。著名的品种有南城淮山、泰和竹篙薯、上高脚板薯、瑞昌山药等。仅南城淮山就占地 1.5 万亩左右，生产成条或泡制中式饮片，年均输出 500 万千克左右，并远销至日本、新加坡等国家。

（5）玉豆。玉豆又称四季豆，在江西上饶、广丰等地种植已有几百年的历史。其中，以不同种皮色泽而命名的白玉豆、花玉豆、红玉豆是我国传统的名特产品，其味道鲜美、肉质肥嫩、质量极佳且蛋白质含量高，曾作为贡品而享誉盛名。

（6）莼菜。在江西省赣州市兴国县莲花寨生产的莼菜，是江西一项优质农产品。莼菜中含有蛋白质、脂类、各种维生素和矿物质等营养成分，营养价值极高。20 世纪 40 年代的科学家们曾对其进行过调查品尝，并指出其品质媲美江苏太湖和浙江西湖中的白莼菜，有非常广阔的市场前景。

（7）魔芋。魔芋营养丰富，常用于加工成各种食品，还是化工、医疗等领域的原材料。目前，在江西井冈山、遂川、乐安、永丰等地均有栽培。

（8）芦笋。芦笋又名石刁柏、龙须菜，是一种宿根性植物，以其抽生的嫩茎作蔬菜食用。芦笋风味鲜美，脆嫩可口，生食、炒食、炖汤均可。因其独特的营养和药用价值而被列为世界十大名菜之一，芦笋内含组织蛋白、核酸和叶酸，能有效地抑制细胞异常生长，促进细胞生长正常化。近年来，芦笋作为一种抗衰老、抗疲劳和防癌治癌的新型保健蔬菜被世界各国消费者所喜爱。

（9）大叶空心菜。大叶空心菜是旋花科蔓生植物，须根系，再生能力强；真叶互生，叶阔圆形全缘，叶面平滑无茸毛，深绿色，叶柄较长。吉安大叶空心菜是江西省吉安市的地方优良蔬菜，栽培历史悠久，久负盛名。1997 年在国家工商行政管理局（现为国家市场监督管理总局）注册了"吉蕹"商标。该品种具有适应性强（耐热、耐旱、耐涝、耐湿）、病虫害发生少、生长快、采收期长、品质优、产量高、营养丰富等特点。

2.2.2　江西蔬菜产业区域布局

江西省坚持把保障蔬菜产品稳定供应作为农业农村工作的重中之重，《江西省人民政府办公厅关于推动我省蔬菜产业高质量发展的实施意见》（赣府厅发〔2020〕11号）指出：按照"扩规模、调结构、保供给、增效益"的发展思路，推动蔬菜产业进位赶超；大力推进蔬菜规模化发展，加快推动江西省成为长三角、粤港澳大湾区和"一带一路"的蔬菜供应基地；各地要依托资源禀赋，因地制宜，重点发展知名度高的地理标志产品；结合绿色有机农产品示范基地建设，加快建设一批新技术集成示范基地，推动蔬菜单产、质量双提升。目前，江西省蔬菜种植面积由2019年的1 092万亩增长到1 200万亩，总产量由1 800万吨增长到1 920万吨，设施蔬菜面积由50万亩增长到120万亩。以下是江西省各地区蔬菜生产区的介绍。

（1）赣东北果蔬生产区。重点开发"精细菜"和"春提前"菜、水生蔬菜、根菜类蔬菜和豆类蔬菜等，如江西果蔬生产规模较大的乐平市的灯笼椒、水芹、莲藕、莴笋、甘蓝、凉薯等，浮梁县、婺源县、德兴市的食用酵母产品，黎川县、广昌县的茶树菇、白莲等，上饶市的红芽芋、花椰菜、豌豆，玉山县的茭白、白玉豆等。

（2）赣南蔬菜生产区。一般种植用遮阳网包裹开展的夏秋菜，如信丰县的萝卜、草菇，龙南市的荷兰豆、上海青、逆季节香菇，全南县的胡瓜，定南县的甜椒等。

（3）赣北蔬菜生产区。重点开发"秋延后"菜、山地蔬菜以及水生蔬菜等，如宁津县的高山辣椒、山药、莲藕，九江市、德安县的大棚菜，湖口县的黄花菜，永修县、修水县的莲藕等。

（4）赣西北蔬菜生产区。重点产品是当地特有的蔬菜，如高安市的"春提前秋延后"的辣椒，万载县的龙牙百合、生姜，新余市的魔芋，上栗县的白皮胡瓜，芒市的韭菜，安远县的肉丝瓜，上高县的西葫芦，铜鼓县的逆季节香菇，安义县的绿叶菜类蔬菜等。

（5）赣中果蔬生产区。重点开发"春提前"果蔬产品和当地优势果蔬，包括永丰县的早青椒、番茄、黄瓜、西葫芦、魔芋，吉安市的吉安大叶空心菜、韭黄花、井冈芦笋、吉水螺田蒜、生姜、竹篙薯，乐安县的茄子等。

2.3　蔬菜的选种与育苗

2.3.1　蔬菜选种

近年来，在蔬菜种子市场上，假冒伪劣种子屡见不鲜，极大地损害了菜农的利益，给蔬菜生产造成了巨大损失。在蔬菜生产中，优良的种子是获得高产优质蔬菜的内在因素，在蔬菜生产中有着不可替代的作用。蔬菜种子质量的优劣直接关系到蔬菜的产量与质量。

蔬菜种类繁多，种子形态各异、结构复杂，因此种子质量具有复杂性，在种子生产、收获、储存、加工的过程中，每个环节都会对种子质量产生影响。种子的净度、含水量可通过晾晒、筛选等方法加以控制，而种子纯度、发芽率会受到多种因素的综合影响。

种子常见的质量问题主要可分为以下 4 种类型。

（1）假冒种子。假冒种子指的是品种、种类与属名不符。假冒种子有两种类型：一是以假充真，即用无本品种特征特性或非本品种的种子冒充本品种种子；二是在同一种类中用某一品种冒充（代替）另一品种种子。

（2）掺杂种子。掺杂种子是指纯度不高的种子。掺杂种子中掺入的种子往往是外观形态上与本品种或种类相似的种子。

（3）劣质种子。劣质种子指播种品质较低的一类蔬菜种子。依据种子播种品质质量指标，可分为净度不高的种子、水分含量高的种子、发芽率低的种子、活力不强的种子及被病虫危害的种子。其中，最为常见且影响较大的是发芽率低的种子。

（4）陈旧种子。陈旧种子指种子存放时间在 1 年以上、失去发芽力的种子。蔬菜种子中，大多数种子寿命在 2～3 年以下，使用年限多为 1～2 年。

蔬菜种子大多可以依据其外部形态特征〔即种子的形状、大小（千粒重）、种皮色泽、种皮花纹、种皮附属物以及种脐等〕的不同鉴别种子优质与否。一般纯度高、质量好的种子，颜色、粒形均匀一致，整齐度好，种子表皮富有光泽。检验时，应注意不要直接在灯光或太阳光下进行，若有阳光时最好在背阳光的地方检验，这样对种子颜色的判断较为准确。

2.3.2 蔬菜育苗

蔬菜育苗是蔬菜栽培的主要环节，是一项重要的、技术比较复杂的栽培环节。育苗能够缩短蔬菜在栽培田中的生育期，提高土地利用率或延长采收期，从而增加单位面积复种指数及产量；能够使蔬菜提早成熟，增加早期产量，提高经济效益；能够节省用种，提高栽培田的保苗率，节支增收；能够通过设施育苗减少受到自然灾害的影响；能够便于茬口安排与衔接，有利于周年集约化栽培。以下是育苗的流程。

（1）育苗时期种子播种期的确定。蔬菜育苗的适宜播种期应当根据当地的气候条件、育苗设施类型、蔬菜种类、品种特性、栽培方式、定植期、苗龄等条件来确定。根据定植期和育苗所需天数可推算出播种期。

（2）播种方法和播种深度。播种要在天气晴好时进行，以保证播后连续晴天，有利于幼苗出土。在整平的床面上浇足底水，浇水量要保证分苗前幼苗的需要，水分充足是促进幼苗正常出土和生长的关键。温室育苗的水量要大于阳畦育苗。具体的底水量依苗床种类、播种作物和播种季节的不同而不同，一般早春冷床播种时，底水的渗水层深度为8～10厘米。底水下渗后，在畦面撒一薄层过筛的培养土，防止播种时泥浆黏住种子，影响出芽，并使播后的覆土不直接与湿土接触，防止土面干裂。

播种时，小粒种子一般用撒播法，大粒种子则常用点播法，过于细小的种子为保证出苗均匀可混拌细沙播种。播种深度即是覆土的厚度，主要依据种子大小、土壤质地及气候条件而定。种子小，储藏物质少，发芽后出土能力弱，宜浅播；反之，大粒种子储藏物质多，发芽时的顶土力强，可深播。疏松的土壤透气好，土温也较高，但易干燥，宜深播；反之，黏重的土壤、地下水位高的地方播种宜浅。高温干燥时，播种宜深；天气阴湿时宜浅。此外，还要依据种子的发芽性质，适当调整播种深度。覆土要及时、均匀，防止晒芽或冻芽。覆土后，立即封床保温，使床温迅速升高，夜间应加盖覆盖物防寒。

（3）苗床管理。苗床管理是指播种到分苗这段时期的管理，可分为 3 个时期进行。

① 出苗期。从播种到子叶微展，一般需经 3～5 天，管理上主要是维持较高的温度和湿度。播种后一般不通风，保持温度在 25～30 ℃、空气相对湿度在 80％以上为宜，以减少床土水分蒸发。如发现底水不足，应及时补水。播种 3 天后，幼苗开始拱土，如发现幼苗"带帽"，可采取补救措施；若覆土过薄，应补加盖土；若表土过干，应喷水帮助脱壳。当发现小部分幼苗拱土时，不要马上揭掉地膜，否则会造成出苗不整齐，等大部分幼苗子叶出土后，方可揭掉地膜，但也不能揭膜过迟，以免形成"高脚苗"。

② 破心期。从子叶微展到心叶长出，一般需 7 天左右，有时需更长时间。破心期特点是幼苗转入绿化阶段，生长速度减慢，子叶开始光合作用，有适量干物质积累。此期间管理上主要是保证秧苗的稳健生长。主要措施有 4 个方面：

a）降低床温。在破心期，各类蔬菜的温度需要保持稳定。床温需要根据各类蔬菜的生长特性来定。在降温的同时，也要严防秧苗受冻，破心期的秧苗一旦受冻就难以恢复。

b）降低湿度。若床土过湿，秧苗须根少，幼苗下胚轴伸长过快，易诱发猝倒病、灰霉病等病害。床土湿度一般控制在持水量的 60％～80％为宜。在湿度过大情况下，可采取通风、控制浇水、撒干细土等措施来降低湿度。空气湿度也不能过高，一般相对湿度以 60％～70％为宜。降低空气湿度的主要方法是通风，通风时注意通气口一定要背风向。

c）加强光照。光照充足是提高绿化阶段秧苗素质的重要保证，因此在保证绿化适宜温度的条件下，应尽可能使幼苗多见阳光。在温度不太低的情况下，上午尽量早揭棚内薄膜，下午尽可能延迟盖膜。

d）及时疏苗。防止幼苗拥挤和生长过快形成"高脚苗"。

③基本营养生长期。此时期内幼苗主要进行营养生长，相对生长率较高，尤其是根重增加迅速。采取以下措施可以帮助蔬菜生长。

a）加强光合作用。在这一生长期中，要大量积累养分。因此，必须增加光照以加强光合作用。一般在无人工补光的情况下，遇晴朗天气尽可能通风见光，阴雨天也要选正午前后适当通风见光。

b）水分管理。要保证床土表面呈半干半湿状态。这就要求在床土表面尚未露白时马上浇水。一般在正常的晴朗天气，每隔 2～3 天应浇水 1 次，每次每平方米浇水量为 0.5 千克左右。这样能保证床土表面干湿交替，对预防猝倒病与灰霉病能起到较好的作用。

c）适当追肥。如果床土养分不够，秧苗生长细弱，应结合浇水进行追肥，追肥可选用有机液态肥料。

（4）分苗。分苗又称假植或排苗。分苗的主要作用是通过扩大苗间距离增加营养面积，满足秧苗生长发育所需的光照和营养条件，促使秧苗进一步生长发育，使幼苗茎粗壮、节间短、叶色浓绿、根系发达，是培育壮苗的根本措施。

（5）分苗床的管理。秧苗在分苗床的生长时间较长，一般可分为 3 个时期进行管理。

①缓苗期。分苗后，幼苗根系受到一定程度的损伤，需要 4～7 天才能恢复，称缓苗期。这段时期在管理上要维持较高床温，力求地温在 18～22 ℃，气温白天 25～30 ℃，夜间 20 ℃。

同时要闷棚，基本不通风，以保持较高的空气湿度，减少植株蒸腾，防止幼苗失水过多而严重萎蔫，从而促进伤口的愈合和新根的发生。

② 旺盛生长期。此期幼苗的生长量大、生长速度快、叶面积增长迅速，营养生长与生殖生长同时进行。在管理上要提供适宜的温度，充足的光照、水分和养分，使之稳健生长。

③ 炼苗期。为提高幼苗对定植后环境的适应能力、缩短定植后的缓苗时间，在定植前的 7 天左右应进行秧苗锻炼。具体措施有降低床温、控制水分、揭膜通风、施生物农药等。

2.4　蔬菜育种与育苗的大数据应用

蔬菜育种与育苗的大数据分析融入了计算机、5G 通信、云计算、大数据分析等多种信息技术，把种苗生产的播种控制系统、植被控制系统、喷播控制系统、搬运控制系统等不同子体系有机地连接起来，使不同子体系内部可以相互联系，进行信息资源共享，对整个体系实施监控管理，并通过构建良种苗木生长系统控制数据模块，感知并识别不同生长节点情况，通过物联网获取信息进行大数据分析，同时利用数据决策体系进行最优的系统集成管理和各子体系相互之间的协调工作，为无人化工厂做铺垫。蔬菜育种与育苗的大数据分析能够降低人为因素及气候影响对幼苗培育效率的干扰，达到有效采集数据、降低人力成本、激活播种潜力、增强幼苗抵抗力、增加作物产量、提高效益的目的。

大数据育种是以生产特定的品种为目标，利用现代信息技术，建立信息交流平台，收集种子的各方面数据，计算分析出满足生产目标的品种。大数据蔬菜育种应当先收集蔬菜遗传作物育种的相关信息，如查询蔬菜育种和遗传材料的相关文献，审定蔬菜种子在种植区域的品质、抗性，收集蔬菜种子的基因组、基因序列、基因表达等数据。在收集完种子的相关数据后，进行数据分析，建立数据分析平台。可以采用如神经网络、序列模式发现、SVM 等数据分析算法用于育种相关数据分析。数据运算可采用云计算技术等，保证分析快速完成，及时提供分析结果。

蔬菜育苗技术主要以第二产业为依托，涉及了苗木生产、设备生产、运输等方面，而设施农业技术也涉及了工业设施和农业生产设备的建造，基本上涵盖了国民经济中全部的生产领域（工业＋服务业）。蔬菜集约化育苗技术从诞生到现在已经有了 40 多年的发展时间，是一项相当成熟的技术，国外一些地区的育苗技术已相当完善且普及率达到了 90％以上，被广泛用于蔬菜生产。我国在 20 年前就引入了蔬菜集约化育苗技术，并通过对国外地区蔬菜种苗集约化生产技术的吸收与创新，目前已经形成适合我国蔬菜育苗的集约化技术。

我国是蔬菜种植大国之一，蔬菜已成为我国第二大农作物。2021 年，全国蔬菜播种面积达 3.28 亿亩，其中设施蔬菜种植面积达 6 200 万亩（设施蔬菜品类主要有辣椒、番茄、黄瓜、茄子等，其中番茄设施栽培面积位居第一位，达 1 167.2 万亩）。蔬菜总产量达 15 342 亿斤*，其中设施蔬菜产量达 4 000 亿斤。2021 年，我国鲜或冷藏蔬菜出口数量为 118 亿斤，我国鲜或冷藏蔬菜出口金额约为 60 亿美元。

2021 年我国蔬菜产量主要地区占比如图 2.10 所示。

---

* 斤为非法定计量单位。1 斤＝500 克。

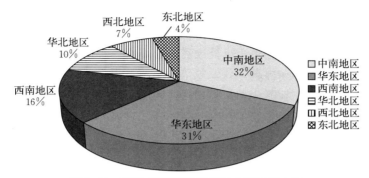

图 2.10　2021 年我国蔬菜产量主要地区占比

目前，我国的蔬菜移栽面积约 980 万公顷，种苗需求量约为 7 000 亿株/年，其中嫁接苗需求呈逐年增长趋势。随着蔬菜产业迅速发展，蔬菜生产已进入由传统种植业向现代种植业转变的产业化生产新时期。蔬菜种苗是生产的基础，其技术含量很高，对蔬菜种植业起着关键性作用。

2018 年我国就已有 1 500 余家企业和合作社从事蔬菜规模化育苗，每年蔬菜集约化育苗达到 2 000 亿株，占年蔬菜种苗总需苗量的 30% 以上，从根本上支撑了我国蔬菜的稳定、优质供应。随着蔬菜产业的发展，我国蔬菜育苗产业发展更加迅速，但仍有不足之处。一方面，我国的育苗公司规模小，设备较为落后。另一方面，育苗技术的研究与推广脱节，我国有一大批高等院校和科研机构从事育苗技术的研究，且取得了一大批成果，但没有得到很好的推广与普及。育苗行业的发展对满足和扩大农产品市场需求、促进农业结构调整、提高农业的综合效益和市场竞争力、增加农民收益，具有重要的现实意义和深远的战略意义。

随着我国蔬菜行业的快速发展，全球信息化运用程度的提高，数字化、智能化是蔬菜生产的最新趋势，蔬菜种植已经进入了新阶段。近年来，我国政府高度重视"三农"事业发展，在政府优惠政策和资金支持项目的影响下，我国的数字农业生产技术水平迅速提高，并实现了设施蔬菜生产的高速增长，蔬菜育苗逐步向智能化育苗模式过渡。为了解决常规蔬菜育苗质量差、蔬菜栽培效果不佳的问题，技术人员需要利用信息化技术手段实现资料保存、集中管理和数据分析，减少育种时间，提升育种质量。

2.5　蔬菜种苗的数字化管理

通过大数据收集当地蔬菜种苗需求量、种苗销售量以及销售地等信息，结合互联网电商平台，实现蔬菜种苗管理、销售一体化。

随着全球化的加快，我国逐渐成为世界蔬菜贸易中心，给我国蔬菜行业带来的挑战也越来越大，对我国农作物种业发展的要求也越来越高。目前，我国农作物种业发展水平还比较低，相关企业规模小、创新力不够、研发实力弱，相关育种技术也相对落后，市场的监管不太到位，违法经营的现象时有发生。这些问题严重影响了我国农作物种业健康发展，制约了农业可持续发展，必须切实加以解决。实现蔬菜种苗产业化显得尤为重要和必要。

种苗企业必须按农业农村部的要求走"育繁推一体化"道路，把种子从育种研发到推广销售全流程中各个服务紧密结合起来，采取以新品种为纽带，以种子加工、包装为突破口，抓中间带两头，建立种苗集团运作模式，完善蔬菜种苗工程体系。

2.6　本章小结

　　本章采用农业生物学针对蔬菜进行分类，并对部分类别的蔬菜做了简单介绍；从江西特色蔬菜产品和江西蔬菜产业区域布局两方面对江西特色蔬菜产业进行介绍；在蔬菜种苗方面，简要介绍了蔬菜的选种与育苗，对蔬菜育种与育苗的大数据应用和蔬菜种苗的数字化管理做了详细介绍。

3 物联网在蔬菜生产过程中的监控应用

3.1 农业物联网

农业物联网的实质是在农业生产经营的过程中运用物联网技术，让农业生产更加智能化和信息化。农业物联网通过使用大量的传感器采集周边的环境信息，如空气温湿度、土壤温湿度、二氧化碳浓度等，并建立统一的传输协议和数据转换格式，因地制宜地使用无线传感器网、移动通信网和互联网等通信网络，使得农业生产信息多方式、多设备且有效地进行传递。最后运用云计算、边缘计算、大数据等多种信息技术对采集到的数据进行处理与整合，通过控制智能化终端实现农业生产的闭环控制，最优化、自动化控制农业生产。

3.1.1 农业物联网架构模型

农业物联网的架构模型可分为感知层、传输层和应用层。

感知层是整个农业物联网的信息来源，通过传感器采集农业生产中的各类信息，并将采集到的信息传送给传输层。

传输层是整个农业物联网架构的核心，负责将感知层采集到的数据通过无线技术或者有线技术传输给应用层以及将应用层的命令下发至感知层。

应用层负责对传输层传输过来的数据进行加工处理、储存以及指导管理决策。应用层是目前物联网架构体系中的最高层，也是农业物联网的接口。应用层可分为两个子层：一是云应用层，负责数据的处理、存储和计算；二是人机交互界面，主要负责信息数据的显示。

3.1.2　农业物联网未来的发展趋势

十几年前，以美国、英国、法国、德国、日本为首的发达国家和地区不断发展物联网行业，推进物联网行业的技术创新与技术升级，自此物联网技术进入高速发展阶段，在各行各业的应用变得更加广泛。就农业物联网而言，随着物联网在农业生产领域的应用程度不断加深，农业生产变得更加便利，农业生产所产生的经济效益也显著增加，农业物联网的好处逐渐被更多的农业生产者发掘，农业物联网行业也因此取得了良好的发展。

在发达国家，由于其物联网技术发展较早且比较先进，物联网技术早就被应用到农业生产的各个阶段当中。国外的专家学者们采用物联网相关技术，在温室大棚中使用无线传感器来测量和控制温湿度、营养液的电导率和酸碱度等，使农作物的种植条件达到最佳水平，大大提高了农作物的产量与质量。一些国家利用互联网技术在云平台上建立农业生产智能分析中心，实现远程栽培指导、远程故障诊断、远程信息监测、远程设备维护等，深受用户的认可，取得了较好的成绩。

国内关于物联网的研究始于 20 世纪 70 年代，相较于国外起步较晚。目前，我国物联网技术虽已进入快速发展阶段，但与国外相比还有一定的差距。在农业物联网方面，大数据处理、算法处理、信息化处理、数字化管理和传感器技术等一系列技术仍然处于落后的状态。我国农业物联网发展的关键在于将中国国情和农业特点相结合，加强遥感技术在监测土壤墒情、苗情长势、自然灾害、病虫害和主要农产品产量等方面的应用。应加大对传感器的资金投入，让各大学、各研究院、各企业加大对传感器的研究力度，联合起来突破技术难关，提升国产传感器的精确性与稳定性，做到自给自足，避免被国外"卡脖子"。在大力发展传感器等硬件设施的同时，要重视农业物联网中相关软件的发展，使其成为数字农业应用实践的重要驱动力。

3.2　物联网在蔬菜生产过程中的应用

随着社会的进步、科学技术和互联网的发展，蔬菜生产开始由传统的生产模式向现代化转型，传统粗放式的生产管理模式也开始向现代化转型。传统粗放式的生产管理模式已经难以满足生产需求，发展一套农业生产的现代化生产管理体系势在必行。

现代的蔬菜种植主要以温室大棚为主，能在不适合蔬菜生长的季节给蔬菜提供适宜生长的环境，有利于蔬菜生长，提高蔬菜生产效益。温室大棚的整体示意图如图 3.1 所示。

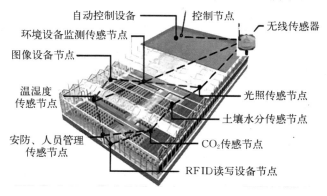

图 3.1　温室大棚的整体示意图

3.2.1 基于物联网的蔬菜温室大棚自动控制系统构建

基于物联网的蔬菜温室大棚自动控制系统能够自动地进行数据采集、数据传输、数据分析等操作，该系统能够实时地监测蔬菜的生长情况。系统采集到的数据能够直观地反映出蔬菜生长过程中的环境信息以及所需要的养料，让蔬菜生长在最适宜的环境中。基于物联网技术的蔬菜温室大棚的自动控制系统结构如图 3.2 所示。

图 3.2 基于物联网技术的蔬菜温室大棚的自动控制系统结构

基于物联网的蔬菜温室大棚自动控制系统主要包括以下几个分系统：

（1）数据采集系统。数据采集系统主要由空气温湿度传感器、CO_2 浓度传感器、土壤温湿度传感器、土壤 pH 传感器、摄像头、太阳能电池板、网关和网络服务器组成。数据采集系统的作用是将大棚内的环境信息和土壤信息进行采集处理和储存。基于物联网的蔬菜大棚数据采集系统如图 3.3 所示。

（2）数据传输系统。数据传输系统主要由有线和无线通信网络组成，其传输方式由外部网络和内部网络组成。外部网络

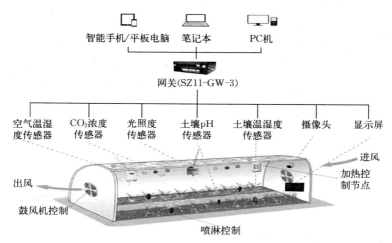

图 3.3　基于物联网的蔬菜大棚数据采集系统

以 GPRS 通信网络为基础进行传输，内部网络采用 ZigBee 无线通信技术。传感器将采集到的数据通过 ZigBee 模块发送到中心节点上，同时用户终端和控制器间的传送指令也发送到中心节点上，中心节点再经过边缘网关进行数据的预处理，预处理之后的数据经过传输层传送到上位机进行存储和显示，同时控制指令也可通过传输层经过边缘网关传送到感知层。技术人员可以通过有线网络/无线网络访问上位机系统业务平台，实时监测大棚现场的传感器参数，控制大棚现场的相关设备。基于物联网的蔬菜大棚数据传输系统如图 3.4 所示。

（3）数据分析系统。数据分析系统包括无线接收模块、显示模块、PC 机和报警系统，技术人员可在该系统上根据作物的不同实施不同的控制方案。基于物联网的蔬菜大棚数据分析系统如图 3.5 所示。

（4）生产操作系统。生产操作系统包括灌溉控制系统、土

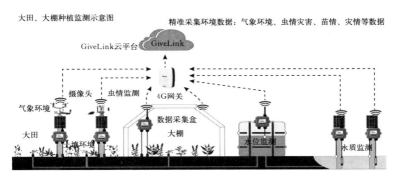

大田、大棚种植监测示意图　　　精准采集环境数据：气象环境、虫情灾害、苗情、灾情等数据

图 3.4　基于物联网的蔬菜大棚数据传输系统

环境监测B通信状态	通信断开
测控B通信状态	通信断开

空气温度	0.00	℃
空气湿度	0.00	%

土壤温度	0.00	℃
土壤湿度	0.00	%

光照度	0.00	LUX
二氧化碳浓度	0.00	FFM

环境监测A通信状态	通信断开
测控A通信状态	通信断开

空气温度	0.00	℃
空气湿度	0.00	%

土壤温度	0.00	℃
土壤湿度	0.00	%

施肥开关状态		浇灌开关状态	
1#	断开	1#	断开
2#	断开	2#	断开
3#	断开	3#	断开
4#	断开	4#	断开
5#	断开	5#	断开
6#	断开	6#	断开
7#	断开	7#	断开
8#	断开	8#	断开

土壤深度浇灌设定		
A	40.00	%
B	40.00	%

施肥开始时间设定	2022	1	5	10	22	00
	年	月	日	时	分	秒
施肥结束时间设定	2022	1	5	12	22	00

图 3.5　基于物联网的蔬菜大棚数据分析系统

壤环境监测系统和温湿度监测系统。灌溉控制系统可以控制灌溉的方式：滴灌或者微喷雾。土壤环境监测系统利用土壤温湿度传感器、土壤 pH 传感器等来实时获取土壤环境信息。温湿度监测系统利用高精度传感器来采集农作物的生长环境信息，当环境信息超过设定的环境指标参数时，该系统会自动启动风机降温系统、水暖加温系统、空气内循环系统等，以进行环境温湿度的调节。基于物联网的蔬菜大棚生产操作系统如图 3.6 所示。

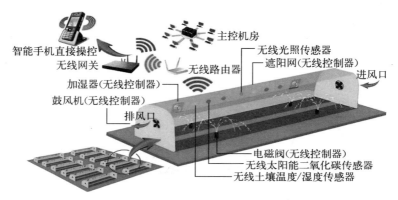

图 3.6　基于物联网的蔬菜大棚生产操作系统

3.2.2　基于物联网的蔬菜温室大棚控制系统主要功能

基于物联网的蔬菜温室大棚控制系统能够控制大棚内的环境要素，使得大棚内种植的蔬菜处在最适宜的生长环境中，实现蔬菜全年种植，提高蔬菜的产量。基于物联网的蔬菜温室大棚虚拟图如图 3.7 所示。

图 3.7　基于物联网的蔬菜温室大棚虚拟图

该系统的主要功能有：

（1）监测和告警功能。本系统通过使用各种传感器对蔬菜生长的各种环境信息进行实时采集，将采集到的数据通过GPRS网络传输到上位机，对采集到的信息进行处理与分析，监测到不适合植物生长的环境信息时自动报警。

（2）病虫害预警功能。本系统通过实时监测病虫害相关环境信息，并根据这些信息建立相应的数据模型，利用智能算法实现对病虫害的预报，并采取有效的干预措施。

（3）植物成熟状况预报功能。本系统通过将采集到的数据进行分析处理，建立一套蔬菜生长模型。该模型可根据采集到的数据信息预测蔬菜在此阶段的生长发育程度，并反馈给用户。

（4）远程设施控制功能。通过人机交互界面，用户可以选择自动或者手动控制温室大棚内的加热器、灌溉系统、通风机、卷膜机等设备，使得温室大棚内的环境最适宜蔬菜生长。

3.2.3　物联网在温室大棚蔬菜生产各个阶段的应用

用户可按照不同蔬菜种类的生长特性和规律在人机交互界面上设置不同的蔬菜种植方案，利用物联网技术来种植蔬菜不仅可以极大地提高蔬菜种植的效率和产量，还省时、省力。在蔬菜生产过程的各个阶段，主要工作如下：

（1）在准备种植蔬菜阶段，技术人员可以利用大棚内的传感器采集土壤墒情并做出分析，判断出适合在该土壤环境下种植的蔬菜品种。

（2）在蔬菜育苗阶段，技术人员可利用物联网技术收集环境中的温湿度信息。当温湿度不利于种苗生长时自动告警，确保种苗处于适宜的生长环境。

（3）在蔬菜生长阶段，该系统能够根据传感器采集的环境信息和土壤墒情做出分析和判断，根据之前设定的参数，自动做出相应的调整，让大棚内的蔬菜一直在适宜的环境中生长。例如，实时获取温度、湿度、光照强度、病虫害等信息，在损害发生前及时采取相关措施。

（4）在蔬菜生产管理上，用户可根据人机交互界面自动或者手动地对大棚内的蔬菜进行浇水、施肥、增温和降温等操作。

（5）在蔬菜收获阶段，用户可在人机交互界面上查到蔬菜生长过程中的全部信息，并可以查到最适合收获蔬菜的时间，使得蔬菜能够及时销售，确保蔬菜新鲜。

3.3　本章小结

本章主要介绍了物联网在蔬菜生产过程中的监控应用，详细介绍了物联网的概念、农业物联网的架构模型和农业物联网未来的发展趋势；详细介绍了基于物联网的蔬菜温室大棚自动控制系统的组成与功能，该系统由数据采集系统、数据传输系统、数据分析系统、生产操作系统 4 个部分组成，能实现监测和告警、病虫害预警、植物成熟状况预报、远程设施控制等功能；最后简要介绍了蔬菜温室大棚在蔬菜生产各阶段的应用。

4 蔬菜种植过程的水肥一体化应用

4.1 水肥一体化概念

水肥一体化是指根据土壤中的养分含量以及当前农作物的营养需求，将可溶性固体肥料或者液体肥料配兑成的肥液与灌溉用水融合在一起，通过管道运输到农作物所在土壤处，再利用滴头进行滴灌，浸润农作物根系区域的土壤，为农作物的根系提供适宜的养分和水分，促进农作物生长发育。

我国水资源分布不均匀，一些地区可利用的水资源非常少，采用传统的漫灌等方式显然不满足现实条件，而水肥一体化技术采取了滴灌等灌溉方式，能实现节水灌溉，这在很大程度上可以结合地区性水资源分布特点，满足农业灌溉需求。随着农业市场化进一步发展，管理种植成本是至关重要的，若一直采用经验施肥的方式，每年的肥料成本是一笔不菲的开销。而采用水肥一体化，可以将肥料精准运送到植物根部，不仅提高了肥料利用率，还节省了肥料成本。

随着农业的现代化发展，规模化种植的经济作物和设施作物越来越多，水肥一体化作为现代化科学技术，能使灌溉和施肥两项工作更加高效化、便捷化，提升农业产能。

推进水肥一体化发展应当坚持统筹规划、整合资源、政府指导、因地制宜、技物结合、示范带动的原则，转变农业发展方式。水肥一体化示意图如图 4.1 所示。

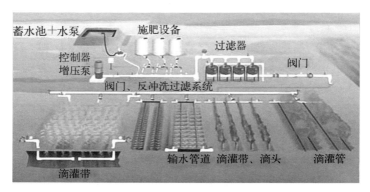

图 4.1 水肥一体化示意图

4.2 蔬菜种植过程的水肥一体化系统设计方案

4.2.1 水肥一体化系统功能和功效

分布式计算机网络控制系统可以控制整个园区，无论是玻璃温室、塑料大棚还是露地，都可以进行水肥一体化监控。该系统具有本地与远程两类监控功能，集成了园区环境、水肥一体化灌溉调控系统及远程监控系统。水肥一体化的系统结构如图 4.2 所示。

4.2.2 本地监控

在上位机的管理系统操作界面上，可以显示系统的组成结构图、土壤墒情、环境信息和各灌溉区施肥灌溉运行信息等。同时，水肥一体化系统与中央监控管理系统能够使作物种植与园区管理处于最佳状态。

系统建立管理问责制度，可以通过手机移动模块监控园

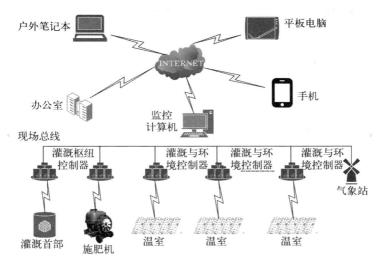

图 4.2 水肥一体化的系统结构

区。其一可以通过手机查询灌溉状态，如当天的灌溉量和施肥量等；其二该系统具有现场报警功能，当发生故障或者紧急状况时，系统会自动报警并把相应的信息发送到管理人员的手机上，当出现严重报警时，系统会拨打电话告知管理人员，防止因故障造成重大的经济损失。系统还会记录所发出的报警信息，若管理员接到报警信息后，未能及时到现场处理，可通过手机报警记录找到责任人问责。

4.2.3 远程监控

中央监控管理系统支持远程功能。主要包括：

（1）远程监控。

（2）远程设备诊断与维护。

（3）管理人员通过手持设备（如手机、平板电脑等）访问中央监控管理系统。在园区内覆盖无线网络，手机或平板电脑接入 Wi-Fi、4G/5G 等网络后，管理人员输入用户名和密码，登录监测系统，便可查看园区的种植信息、环境气象状况、灌溉状态，进行环境与灌溉施肥的控制。

4.2.4　水肥一体化系统的优势

（1）灌溉施肥的速度快、利用率高、操作方便。水肥一体化技术可以避免肥料因施用不当而引起挥发损失、溶解慢、肥料利用率低的问题，尤其避免了尿素氮肥施在地表挥发损失的问题，既节约肥料又有利于环境保护。

（2）水肥一体化技术使肥料的利用率大幅度提高。据华南农业大学张承林教授研究，水肥一体化灌溉施肥体系比常规施肥节省肥料 50%～70%；同时，大大降低了在蔬菜和果园中因过量施肥而造成的水体污染问题。

（3）水肥一体化技术通过人为定量调控，可以满足作物在关键生育期"吃饱喝足"的需要，杜绝了任何缺素症状，因而在生产上可达到作物的产量和品质均良好的目标。

（4）大幅度节水，设施灌溉比传统大水漫灌节水 50% 以上，其中滴灌最省水。植物滴灌示意图如图 4.3 所示。

图 4.3　植物滴灌示意图

4.2.5 系统设计方案

（1）水肥一体化技术基础。水肥一体化是一项综合技术，涉及农田灌溉、作物栽培和土壤耕作等多方面，其主要技术涉及以下几个方面：

① 建立滴灌系统。滴灌系统要根据地形、土壤环境、作物种植方式、水源特点等基本情况，设计管道的埋设深度、长度、灌区面积等。水肥一体化的灌水方式可采用管道灌溉、喷灌、微喷灌、泵加压滴灌、重力滴灌、渗灌、小管出流等，特别忌用大水漫灌，这容易造成氮素损失，同时也降低水分利用率。田间管道阀门使用无线阀门控制器。每一无线阀门控制器都有一个固定地址，根据轮灌制度确定需要开启的电磁阀，首部控制器发出开关阀指令，该地址的阀控器接到指令后，将相应脉冲电磁阀开启或关闭，以控制灌水。同时，脉冲电磁阀接有流量传感器，无线阀门控制器获取流量传感器测量值，根据流量传感器测量值判断阀门实际开关状态，将阀门实际开关状态反馈给首部控制器，首部控制器根据阀门实际状态可以判断阀门控制器是否执行了其指令，这可以防止爆管和没有及时关闭阀门而导致水的浪费。

无线阀门控制器用太阳能供电，太阳能电池板的安装要保证最大限度地接收日光照射，白天利用太阳能发电，将电能储存在锂电池内，全天给现有负载供电。太阳能电池板经过 3 天的正常阳光照射可以达到锂电池的满充状态，保证在连续 30 天无阳光的情况系统能够正常工作。太阳能电池板的寿命一般在 20 年以上。

无线阀门控制器的优点如下：

a）组网方便可靠。

b）没有线缆的维护和安装费用。

c）开放性的系统，便于操作者理解。

d）太阳能供电，绿色环保。

e）无通信费用。

无限阀门控制系统如图 4.4 所示。

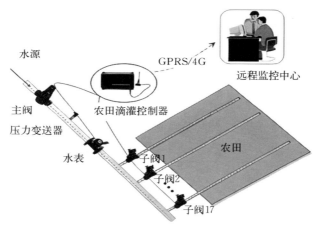

图 4.4　无线阀门控制系统

② 施肥系统。施肥系统主要包括供水管、水泵、压力表、逆止阀、施肥罐、闸阀、过滤器、排污管、主干管、干管、闸门、支管、毛管、冲洗阀等。

施肥器控制分布在农作物种植区域内的多个节点控制器，以及由节点控制器控制的、设置在输送管路上的电控阀，还包括肥水混合装置、水罐、存储模块。在系统中构建不同作物（如番茄、黄瓜、草莓等）的不同生长期下的最优水肥规律，并依据此规律，由施肥器对水泵和肥泵定时、定量、定次数地控制，通过肥水混合装置不同模式的设置，使农作物在不同的生长阶段获取较佳的给水量和施肥量，使水分和肥料能够输送至农作物的根系下，实现了根水肥空间同位、时间强度同步。施肥系统首部结构如图 4.5 所示；水肥一体化灌溉系统如图 4.6 所示。

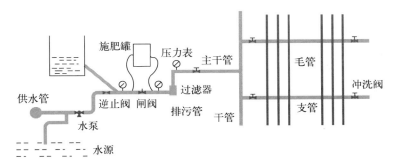

图 4.5　施肥系统首部结构

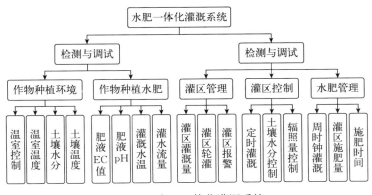

图 4.6　水肥一体化灌溉系统

（2）农业物联网系统。农业物联网系统在硬件网络的基础上进行层次化和模块化技术搭建。系统层次划分如图 4.7 所示。

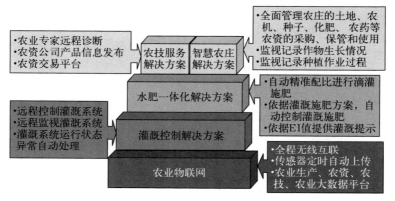

图 4.7　系统层次划分

各模块功能如下。

农业物联网模块：组织本地智能无线网络，与 GPRS/4G/5G 以及 Wi-Fi 通信的网关，接收外来请求和命令，并交予相应模块执行。定时向智慧农业服务器或云平台发送传感器数据。

土壤墒情监测模块：实时监测土壤墒情及地温。

气象站模块：实时监测本地空气温度湿度、风力风速、光照度、蒸发量及降水量等气象信息，计算并发布作物腾发量（ET_0）。

温室环境监测模块：对温室的土壤温度、土壤水分、空气温度、空气湿度、CO_2 浓度、光照度实时监测。

温室控制模块：控制温室卷帘、补光灯、通风扇、CO_2 发生器等设施。

灌溉控制模块：实现对灌溉泵启/停/延时的控制、灌溉水量的计量和主管压力的监测。

蓄水池控制模块：自动控制蓄水池使其保持在合适的水位，不发生抽干和溢出。

滴灌小区模块：控制每个滴灌小区的电磁阀，并反馈电磁阀的状态。

中心支轴式喷灌机控制模块：接管原中心支轴式喷灌机对喷灌机行走/停止、正/反转、行走速度、报警及采取应急措施的控制。

水肥一体化模块：精量控制液体肥/可溶性固体肥下入溶肥池，自动搅拌混合，精量控制水肥按比例注入灌溉主管道。

管道管理模块：依据管道系统的压力和实时流量，判断管道是否泄漏和堵塞。

系统模块划分如图 4.8 所示。

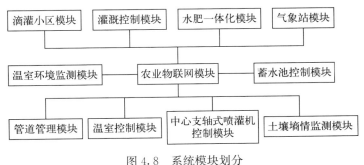

图 4.8　系统模块划分

（3）土壤墒情及农田气象采集分析系统。土壤墒情监测系统能够实现对土壤墒情长时间连续监测。用户可以根据监测需要，灵活布置传感器；系统还提供了额外的扩展能力，可根据监测需求增加对应传感器，监测土壤温度、土壤电导率、土壤pH、地下水水位、地下水水质以及空气温度、空气湿度、光照度、风速风向、降水量等信息，从而满足系统功能升级的需要。土壤墒情监测系统能够全面、科学、真实地反映被监测区的土壤变化，可及时、准确地提供各监测点的土壤墒情状况，为减灾抗旱、施肥灌溉提供重要的基础信息。

该系统主要由监控中心、通信网络、远程监测设备和土壤墒情监测设备4部分构成。

监控中心：主要由服务器、计算机、交换机等组成。

通信网络：包括GPRS网络和INTERNET公网。系统计划采用公网专线的组网方式，监控中心需具备可上外网的固定IP地址。

远程监测设备：远程监测设备可根据供电类型分为市电供电土壤墒情监测终端、太阳能供电土壤墒情监测终端和电池供电土壤墒情监测终端。针对土壤墒情监测点分散分布、不易布线的特点，建议选用太阳能供电土壤墒情监测终端。

土壤墒情监测设备：由多种不同类型的传感器组成，每个传感器将采集到的数据上传至网关，网关经过处理后再将其发送到网络服务器中。

土壤墒情系统结构拓扑图如图4.9所示。

土壤墒情监测系统可实现全天候不间断监测。现场远程监测设备自动采集土壤墒情实时数据，并利用GPRS无线网络实现数据远程传输；监控中心自动接收、自动存储各监测点的监测数据到数据库中。系统主要功能如下：

① 实时监测土壤水分，各监测点可灵活进行单路测量或多路剖面测量。为施肥灌溉提供重要的基础信息。

② 土壤水分超过预先设定的限值时，立刻通过GPRS上报告警信息给用户，为远程施肥控制提供农田环境信息。

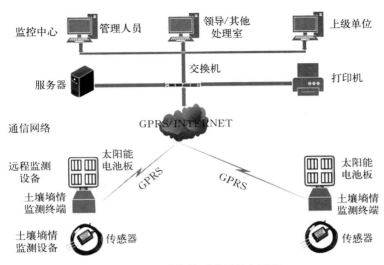

图 4.9 土壤墒情系统结构拓扑图

③ 可扩展土壤温度、电导率、pH 以及地下水参数、气象参数等监测功能。

④ 数据采集、存储频率可灵活调整，可远程设置监测设备工作参数。

⑤ 远程监测设备只在采集数据时才给传感器供电，一方面节约了能源，另一方面避免了因长期供电导致土壤物理性质变化所形成的测量误差。

⑥ 支持 GPRS、短消息、局域网等多种通信方式，推荐采用 GPRS 无线通信。

⑦ 可同时将监测数据上报至多个数据处理中心。

⑧ 具备监测数据、报警数据的统计、分析功能，数据报表可导出、可打印输出。

⑨ 监测系统软件具备 GIS 功能，可在地图上显示各监测

点的详细分布位置。

土壤墒情以及农田气象分析系统如图 4.10 所示。

图 4.10　土壤墒情以及农田气象分析系统

4.3　本章小结

本章主要阐述了水肥一体化在蔬菜种植过程中的应用，分别阐述了水肥一体化的概念与设计方案。水肥一体化设计方案重点描述了其功能及组成子系统，水肥一体化由滴灌系统、施肥系统、农业物联网系统和土壤墒情及农田气象采集分析系统等子系统组成，本章节分别对各子系统功能与组成结构进行了详细介绍。

5 蔬菜种植的大数据应用

5.1 蔬菜病虫害的发生特点

蔬菜是人们生活中不可缺少的食物，是人体摄取营养物质的重要来源之一，蔬菜生产是"菜篮子工程"重要组成部分，其质量安全是关乎国计民生的大事。蔬菜质量安全关键在于病虫害的安全有效防治、建立生产标准，提高质量安全是蔬菜生产新型农业经营主体的基本担当与社会责任。

蔬菜病虫害侵染主要影响因素包括土壤、湿度、温度、寄主、入侵等方面。以下是对引起病虫害的各类因素介绍。

（1）土壤。植物根系生长在土壤之中，土壤中存在许多病原菌与有益的微生物，病原菌与有益微生物的数量一般维持在一个动态平衡的范围内。温室大棚中的土壤难以移动，而一年四季都有作物需要种植，并且经济价值较高的蔬菜常年种植，这就造成了土壤中病原菌与有益微生物之间动态平衡被打破，病原菌数量超过有益微生物且不断增加，致使病害发生。除此之外，温室与大棚中的土壤受到的光照比露天的土壤要少，其湿度相较于露天土壤更高，易导致病原菌迅速增殖；而温室与大棚中的耐病品种数量少，土传病害变得越来越严重。例如，当新建成的温室与大棚中出现了瓜类枯萎病症状后，若不及时采取措施进行治疗，则从植株全都无病到全部病变只需 4～5 年的时间。在大型的温室中，发生了果菜类蔬菜根结线虫病，若不及时处理，那么只需3～4年就会使得病株率达到100％，减产一半以上，并且威胁其他蔬菜的生产。近年来，茄果类的青枯病和茄子的枯黄病影响地区逐步扩大，造成的危害越来越严重，也有着与此相似的原因。

诸多病原菌伴随着病残植株在土壤中过冬，在来年成为侵染源头，这是导致蔬菜病害发生的重要原因。在露天环境下，病原菌死亡率高，只有在蔬菜生长季节才能侵染，且发病晚、危害小，有的只在局部地区季节性起作用；在温室与大棚中，由于环境适宜，病原菌能安全度过冬天并能在来年侵染宿主，成为温室与大棚生产蔬菜的重大阻碍。此类病害具体有瓜类炭疽病、蔓枯病、番茄早疫病、菜豆锈病、白菜黑斑病、细菌性角斑病、韭菜疫病、多种蔬菜菌核病、芹菜斑枯病、灰霉病等。除此之外，植株猝倒病和立枯病的病菌除了能在土壤中过冬之外还能进行腐生生活，因此在老式地床的床苗经常发生病变，延误农事。

生活在土壤中的害虫如韭蛆等，也会因为温室与大棚内土壤温暖、潮湿、稀松而大量增殖，产生严重危害。枯萎病如图5.1所示。

图5.1　枯萎病

（2）湿度。温室与大棚在冬季晚上保温且密闭的环境下，内部空气相对湿度可以达到90%～100%，致使大棚内壁凝结出露水，蔬菜的果实和叶面也会形成一层水膜。植株长时间处于高湿环境下，病原菌的侵染与繁殖速度加快，降低植株的抗病性，不利于植株的生长发育。如黄瓜霜霉病病原菌附着在叶面形成的水膜上3小时左右便会侵染植株，并形成寄生关系。病害发生后经传播、蔓延会引起流行病，造成蔬菜严重减产。上述所列举的多种病害均与空气中的湿度有着密切的关系。黄瓜霜霉病如图5.2所示。

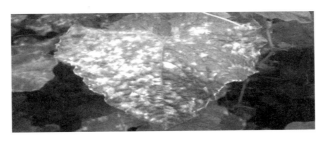

图5.2　黄瓜霜霉病

（3）温度。在通常情况下，棚室内适合蔬菜生长发育的环境温度，也适合病原菌侵染蔬菜进而导致病害发生。如高温环境下易发生褐斑病、青枯病等疾病；低温环境下易发生黑星病、灰霉病等疾病。害虫与害螨都属于体温与生命活动直接受到外界温度影响的变温动物，相较于湿度，温度对害虫与害螨危害程度的影响更大。

（4）寄主。黄瓜霜霉病病原菌、白粉病病原菌、番茄晚疫病病原菌等都是属于离开宿主不能继续存活的专性寄生菌，随着北方地区冬季棚室番茄、黄瓜等栽培面积迅速增加，这些专性寄生菌使病害植株可以作为侵染源继续侵染其他植株，为棚室蔬菜带来了大量病原菌，成为常发的主要病害。不同蔬菜品种的抗病性差异将直接影响病原菌对其的危害程度。番茄晚疫病如图 5.3 所示。

图 5.3　番茄晚疫病

（5）入侵。在生产中盲目引种和调种，会直接导致危险性病害在各地区间传播、蔓延。例如，20 世纪 70 年代以前黄瓜黑星病在吉林省零星发生，而 80 年代却在东北三省多个地区暴发流行，重病棚损失达 70%，1995 年又传播到山东、河北等 9 省（自治区、直辖市）局部地区。此外，随着国际间农业贸易规模的不断扩大，我国逐渐成为受危险性病原虫入侵并产生危害较严重的国家之一。如棕榈蓟马、美洲斑潜蝇、B 型烟粉虱和西花蓟马等传入、定居和扩张，使大棚内的害虫种类增加，其危害程度也随之增加。

由于人们的生产活动，棚室蔬菜栽培的发展对病虫害的产生具有动态影响。不过，棚室的环境对于各类病虫害的发生并不是都有利的。例如，蔬菜病毒病是普遍发生、危害严重并且难以防治的一类病害，棚室中主要在番茄、甜椒、菠菜等蔬菜上发生，其危害程度相较于露天栽培更低；西葫芦在棚室春季进行早熟栽培，在病毒病流行的夏季时已基本收获，因此只要做好前期的防治工作即可，相较于露天栽培，病情与危害得到了明显的减轻。

5.2 基于大数据的蔬菜病虫害防治策略

（1）土壤。利用传感器采集土壤中各种信息并发送至远程大数据检测平台，实时监测土壤中各项数据指标。以历史数据作为参考，技术人员通过数据的变化可以及时发现土壤中存在的病虫害信息，相关技术人员对症采取相应措施，减少土壤中的病虫对蔬菜种植的影响。

相关应对措施如下：

① 高温闷棚防病。在夏季选择晴天将大棚完全密封，连续高温闷烤 20～30 天即可杀灭枯萎病、青枯病等病菌。

② 翻耕土壤，减少中耕，预防病害。菜地冬耕冻地，低耕炕地。深耕 20～25 厘米，深埋枯枝落叶、病虫残体，减少中耕除草和人为造成的伤口，预防病菌侵入。

③ 选用抗（耐）病品种。选择经检验具有抗（耐）病特性的品种，淘汰不具有抗（耐）病特性的品种。选用嫁接苗预防茄果类和瓜类蔬菜的枯萎病。

④ 实行轮作预防病害。在一块土地上连续种植不同类型的蔬菜，如刚开始种植茄果类、瓜类蔬菜，下茬种植葱蒜类、绿叶菜类蔬菜，实现不同类型蔬菜的轮流种植，减少枯萎病、青枯病等病害的发生。

⑤ 加强田间管理，预防传染性病害。在蔬菜生长期发现有被病虫侵蚀的叶片、果实，应及时摘除或拔除病虫株。在蔬菜采摘完毕后及时清理菜地中的病虫残体，将其集中烧毁或集中深埋，减少病虫害侵染源，减轻病虫对蔬菜的危害。

（2）湿度。在大数据分析系统中利用湿度传感器采集蔬菜大棚中的湿度信息，并在数据分析平台以图表或数值的方式直观地展示出来。蔬菜种植人员直观地获取湿度信息，依据历史的湿度数据科学地做出判断，在湿度对蔬菜生长不利时采取相应的措施。

相关应对措施如下：

① 选用无滴膜。无滴膜可以减少薄膜表面的聚水量，并且有利于透光及增温。对普通薄膜表面喷涂除滴剂，或者定期向薄膜表面喷洒奶粉、豆粉等，也可以达到类似无滴膜的效果。

② 覆盖地膜。覆盖地膜一般可使 10 厘米深处的地温平均提高 2～3 ℃，地面最低气温提高 1 ℃左右。由于地膜不透气，土壤中的水分难以蒸发到空气中，依旧会存留在土壤中，能够减少浇灌次数，降低棚内的空气湿度。

③ 起垄栽培。高垄表面积大，在白天接收的光照多，土壤温度升高快，水蒸发也快，使得湿度不易偏高。

④ 合理浇水。冬季棚菜浇水，要做到"五浇五不浇"，即浇晴不浇阴（晴天浇水，阴天不浇水）、浇前不浇后（午前浇水，午后不浇水）、浇小不浇大（浇小水，不要大水漫灌）、浇温不浇凉（冬季水温低，浇水时要先在棚内预热，待水温与地温接近时再浇）、浇暗不浇明（浇暗水，不浇明水）。大力推广滴灌、膜下灌等灌水新技术。

⑤ 改进施药方法。冬季防治棚室蔬菜病虫害，尽量采用烟雾法或粉尘法施药。如果一定要采用喷雾法施药，应适当减少施药次数和喷液量，防止棚室内湿度过高。

⑥ 通风排湿。通风是塑料大棚最基本的除湿方法。一天当中，通风排湿效果最好的时间段是中午，此时，棚内外湿度

差别大，湿气更容易从棚内排出；其他时间段也要在保证温度的前提下，尽可能多通风。还要特别注意在大棚浇水后 2~3 天、叶面喷肥（药）后 1~2 天、阴雨（雪）天和日落前后加强通风排湿。

⑦ 中耕松土。地面浇水后，要及时中耕垄沟和垄背，切断毛细管，阻止土壤下层水分向表层土中移动。

⑧ 人工吸湿。棚内湿度过高，可以在行间撒上一些稻草、麦秸、草木灰或细干土等吸湿性的材料进行吸湿，或者在棚内空闲处堆放生石灰等吸湿性材料进行吸湿，降低棚室内湿度。

⑨ 防雨棚栽培。在南方夏秋季多雨季节，撤掉大棚两侧的裙膜，保留顶膜，或在中小棚上覆盖顶膜，其防雨、降湿效果明显。主要应用于夏秋季番茄、茄子、辣椒、黄瓜等瓜类蔬菜与茄果类蔬菜栽培。

（3）温度。大数据分析系统中使用温度传感器对蔬菜大棚内的温度信息进行采集，用折线图的方式让种植人员直观地看到大棚内温度的变化，科学地分析并采取有利于蔬菜生长的措施。

相关措施如下：

① 在夏秋季节给大棚覆盖上遮阳网，可以起到遮阳降温、预防病虫、促进植株生长，进而提高蔬菜产量和品质的作用。

② 使用防虫网覆盖进行栽培。防虫网主要用来覆盖温室和塑料棚门窗、通风口，在南方夏秋季生产蔬菜时防止害虫侵入。例如，生产青菜时防止菜青虫、小菜蛾、斜纹夜蛾、甜菜夜蛾、蚜虫等害虫侵入。

（4）寄主。在大数据分析系统中，通过记录蔬菜生长过程中的视频信息，观察蔬菜的状态是否正常，或者通过采集蔬菜生长过程中的相关数据来分析判断蔬菜是否被病虫寄生。在大数据分析平台里可以根据所采集到的数据进行关联搜索，判断出蔬菜被何种生物寄生，并提供相应的解决措施，让种植人员不需要询问专家也能解决蔬菜寄生问题，让寄生问题能够更迅速地得以解决。

以下是一些解决寄生问题的方法。

① 用银灰色防虫网驱避蚜虫、蓟马类害虫，减轻病毒病的发生，实现无药或少药的绿色蔬菜生产。

② 利用黄板诱杀蚜虫、白粉虱、潜叶蝇，蓝板诱杀蓟马、螨类以及各种蝇虫等病虫。

③ 覆盖多功能农用薄膜，减少灰霉病和菌核病分生孢子的产生，使得螨类不能正常活动。

④ 对症下药。应先了解农药性能，掌握其使用方法，再根据防治对象对症下药。例如，噻嗪酮对粉虱若虫有很好的效果，但却对蚜虫无效；抗蚜威对桃蚜有特效，但防治瓜蚜效果差，不宜使用；杀菌剂甲霜灵对蔬菜的霜霉病、早疫病、晚疫病等有高效，但对白粉病无效。

⑤ 掌握时机。在蔬菜的生产过程中，可以根据病虫害发生的规律，在病虫生命活动最弱期及时施药杀灭病虫。例如，可预先进行大棚室内消毒、土壤处理，再将蔬菜移植进大棚内。采用局部施药、封锁发病中心、在病虫低密度时施药，事半功倍。

⑥ 以菌治虫。利用细菌制苏云金芽孢杆菌（Bt）防治菜青虫、小菜蛾等食叶害虫；核型多角体病毒（NPV）用于防治棉铃虫、斜纹夜蛾和舞毒蛾等；农田抗生素阿维菌素广泛用于防治小菜蛾、斑潜蝇、害螨及蚜虫等；多杀菌素用于防治小菜蛾、蓟马；浏阳霉素对叶螨有良好的防效。

⑦ 以虫治虫。利用丽蚜小蜂、浆角蚜小蜂防治温室白

粉虱、烟粉虱；食蚜瘿蚊防治蚜虫；胡瓜钝绥螨防治红蜘蛛等。

⑧ 以菌治病。利用木霉真菌来防治蔬菜早疫病；芽孢杆菌细菌制剂防治白菜软腐病；农用抗生素、新霉菌和链霉素可防治软腐病、角斑病；抗霉菌素可防治炭疽病、白粉病、叶霉病；武夷霉素可防治软腐病、黑星病。

（5）入侵。利用大数据系统采集蔬菜的基因序列，与过往的基因序列进行对比分析可得知是否出现生物入侵的情况。若出现了生物入侵的情况，大数据分析平台会立刻做出反应，让种植人员及时发现，并联系专家采取相应措施，防止生物入侵进一步扩大。

以下是应对生物入侵的一些措施。

① 植物检疫。严禁盲目调、引种，盲目地调、引种会造成瓜类黑星病、番茄溃疡病、黄瓜线虫病等病害传播，造成蔬菜产量的下降。严格植物检疫可以保护非疫区农业生产安全。

② 选用适合当地栽培，具有较强抗病虫、抗逆性的蔬菜品种。

③ 苗圃内避免混栽，防止病虫互相传染。可采用营养方、营养钵、营养液等育苗。育苗床要消毒。选用无病虫、发芽率高的种子，并对种子进行处理。加强苗期肥水及环境管理，有条件的可以覆盖防虫网，达到苗齐、苗全、苗匀、苗壮。蔬菜大棚绿色防控种植如图 5.4 所示。

大棚蔬菜病虫害防治以品种优化选育为核心，加强引种管理和检疫，对种子、土壤（基质）和棚室周边环境做好处理，利用栽培管理措施、物理措施、化学农药以及生物制剂进行综合防治，提高防治效果，减少化学农药施用量，降低农药残留，最终达到生产绿色蔬菜的目的。

图 5.4　蔬菜大棚绿色防控种植

5.3　基于大数据的蔬菜种植

（1）种植前规划。

① 选择种植蔬菜种类。不同地区之间的种植者们若没有对蔬菜的种植进行及时有效的沟通与规划，往往会不约而同地种植当前季度销量较高、需求量较大的蔬菜。这样会造成各个区域种植的蔬菜种类重复，供给大于需求，致使过多的蔬菜无法售出，最终腐烂，造成资源浪费，形成内耗。利用大数据分析技术，可以采集当地前几年蔬菜种植生产的数据，结合农产品价格、市场需求、交通运输等多方面因素进行分析，规划出合理的种植方案，并与各个地区的种植户进行有效的沟通。这样可以使各个地区的蔬菜种植形成互补的关系，避免出现同一种蔬菜种植过多而导致的内耗，并让蔬菜种植互补的关系依托于高效的运输行业，避免出现运输时间过长导致的蔬菜腐烂问题。

此外，当遭遇洪涝灾害或者冰冻灾害等自然灾害时，若不能有效地分析各地的状况，进行合理的种植规划，仍然按照原来的习惯种植，会因为自然灾害对种植环境造成影响，出现部分蔬菜无法正常生长，最终导致供给小于需求的状况，使得蔬菜价格上涨，对外蔬菜依赖增加。通过大数据分析技术采集天气状况、土壤条件、降水情况、病虫害等信息并对这些信息进行分析，能够在出现洪涝灾害等自然灾害时规划出合理的种植安排。例如，让受灾严重的地区种植对生长环境要求低的蔬菜，让受灾较轻的地区种植对生长环境要求高的蔬菜，或者让天气条件较好的地区种植适合在温和环境下生长的蔬菜，让天气较差的地区种植适合在潮湿、寒冷环境下生长的蔬菜，减轻自然灾害对蔬菜种植的影响。

② 整改土壤。利用大数据分析技术对即将要种植的田块土壤进行全面测试，根据对土壤测试得到的数据进行分析，得到土壤水分和肥料分布等情况，做出一份有助于将要进行种植的蔬菜生长的土壤整改建议。利用智能农机对土壤所需营养液进行智能配比、精准喷洒，减少浪费，使土壤达到有利于将要种植蔬菜生长的适宜条件。分析检测得到的土壤所含微生物是否对将要种植的蔬菜生长有影响，可采用相应的消毒机制，将种植的风险降至最低。

（2）种植时管理。

① 病虫害防治。使用大数据监控平台助力农业病虫害防治，提高农业病虫害防治远程监测的稳定性和预测准确度。利用大数据平台对蔬菜种植进行实时监控、自动采集信息，通过无线传输将全天候实时采集的信息数据发送到中心站，自动上传数据库，工作人员根据实时数据及历史大数据，系统分析对比运算，采取利于植株生长的措施，达到标准化、网络化、可视化、模型化、智能化。大数据平台的检测系统，进一步提高

了蔬菜种植监测系统的稳定性和预测准确度，更有利于农户、农业技术人员及政府部门进行病虫害的防治决策和科学防控。

② 精准施肥、灌溉。在农业种植管理中，灌溉与施肥对蔬菜的生长而言是十分重要的工作，合理的灌溉能够保证蔬菜吸收充足的水分、正常地生长；精准地施肥能够让蔬菜吸收充足的养分。相较于传统的农业种植中农民灌溉与施肥常采用的大水漫灌、大概配比方式，精准施肥避免了水资源、肥料资源的浪费，解决了过多的肥料污染土地的问题。

基于大数据平台建立蔬菜智能灌溉施肥系统。智能灌溉施肥系统接入土壤水分、温度、电导率等传感器，采集土壤成分以及周围环境的信息并汇总相应数据。随着大数据的采集、分析与蔬菜种植模型发展，智能灌溉施肥系统将具备更智能化的系统优化能力，进而实现全自动化，使得灌溉更加合理、施肥更加准确。

（3）收获后营销。

① 蔬菜精准营销。蔬菜精准营销是指借助电子媒体等渠道，改善传统销售模式。通过建立消费者信息数据库，科学分析潜在客户，为农民构建针对性强的营销方案。以大数据平台作为技术支撑，利用平台的海量数据分析农产品特征和消费者爱好，使得电商可以及时了解客户需求，锁定目标客户，从而提供个性化服务，提高消费者的购物体验。例如，利用直播带货、微商、淘宝、京东等进行蔬菜的精准销售。

② 改善蔬菜销售物流。利用大数据技术采集并分析当地的蔬菜需求与各个地区的蔬菜种植状况，分析计算出离需求地最近、运输速度最快的种植区，迅速安排相应蔬菜的运输，提高蔬菜物流运输效率，减少因运输时间过长而出现蔬菜腐败现象的发生。

5.4　本章小结

　　本章从土壤、湿度、温度、寄主、入侵 5 个方面阐述了蔬菜病虫害发生的特点，并从这 5 个方面分别讲述了相应的防治措施；从种植前规划、种植时管理、种植后营销 3 个方面分别对蔬菜种植的大数据应用进行了论述。

6 蔬菜的现代仓储包装

6.1 蔬菜的仓储

6.1.1 蔬菜储存时间

蔬菜储存主要考虑 2 个问题：变质和营养流失。蔬菜水分含量较高，易滋生细菌；蔬菜自身呼吸作用的消耗，会造成某些营养素的氧化流失，如维生素、葡萄糖等。低温可以抑制细菌等微生物活性以及减少蔬菜自身呼吸作用的消耗，对于抑制蔬菜变质和减少营养流失是一个关键的突破口。但这并不意味着所有的蔬菜都可以在低温下存放较长的时间，仍然要按照不同的情况来对待。

对一些常见蔬菜的介绍如下：

（1）绿叶菜类蔬菜。绿叶菜类蔬菜是最容易腐烂、营养流失较快的蔬菜，即使放在冰箱中，储存时间最好也不要超过 3 天，还需保证冰箱足够干净卫生，且没有过多水分。对于绿叶菜类蔬菜，建议购买除当天外三四天的量。绿叶菜类蔬菜中有一种独特的大白菜，储存时间比其他的叶菜更长，储存得当的话，可以储存 1～2 周甚至更长。绿叶菜类蔬菜如图 6.1 所示。

（2）瓜类与茄果类蔬菜。如南瓜、茄子、番茄、黄瓜、冬瓜、甜椒等，瓜类与茄果类蔬菜不宜低温储存，否则容易因冻伤而腐烂，宜放置于通风、阴凉处储存。其中，南瓜、冬瓜适

图 6.1 绿叶菜类蔬菜

合放置在阴凉干燥的环境中，黄瓜、茄子、番茄、甜椒适合放置在凉爽潮湿的环境中。储存的时间一般为1周左右，未切开的冬瓜和南瓜储存时间长达1~2个月。瓜类与茄果类蔬菜如图6.2所示。

图 6.2 瓜类与茄果类蔬菜

（3）甘蓝类蔬菜。甘蓝类蔬菜如花椰菜、西蓝花、紫甘蓝等，用保鲜膜包裹时失水较少，但若储存温度较高，表面易生黑色霉点。因此，在较高温度储存时，不包保鲜膜更好。甘蓝类蔬菜属于耐寒宜低温储存的类型，包上保鲜膜放置于通风处并注意防护可储存4~5天，放在地窖中可储存 2 个月左右，放入普通保鲜冷库中可储存 1~2 个月，放入气调保鲜冷库中则可存储 3~4 个月。甘蓝类蔬菜如图 6.3 所示。

图 6.3　甘蓝类蔬菜

（4）根菜类蔬菜。根菜类蔬菜如胡萝卜、马铃薯、莲藕等，宜放置在凉爽、通风、干燥的环境中储存。可以将根菜类蔬菜放置在冰箱中冷藏保存，其低温、干燥的环境不适于霉菌的生长。根菜类蔬菜储存时不需要清洗，直接以干净的纸包裹装进袋子后放入冷藏柜即可，储存时间为 15~30 天。根菜类蔬菜如图 6.4 所示。

图 6.4　根菜类蔬菜

（5）食用菌类蔬菜。食用菌类蔬菜含有丰富的低聚糖和膳食纤维，经常食用有助于提高免疫力。在生活中，可以适量购买一些食用菌存放在冰箱中。将食用菌放在清水中加入适量的盐，进行浸泡后取出，去掉水分，然后装入保鲜袋中，保存在冰箱的冷藏室中，可以保存十几天不变质。食用菌类蔬菜如图 6.5 所示。

图 6.5　食用菌类蔬菜

6.1.2　蔬菜保鲜的方法以及原理

一般情况下，会用到以下 4 种比较常用的方法。

（1）低温保存。在低温环境下，侵染蔬菜的微生物增殖受到抑制，蔬菜中酶的活性降低，蔬菜消耗减少。低温保存有冷藏保存和冷冻保存 2 种方式，一般使用冷藏来进行低温保存。低温保存如图 6.6 所示。

（2）真空保存。真空保存是将包装容器内的空气全部抽出后密封的一种保存方式，这种方式使得包装内处于高度减压状态，故真空保存也称为减压包装。在真空保存状态下，包装内的空气十分稀少，相当于低氧的效果，许多微生物没有生存条

图 6.6 低温保存

件，生存率低，并且包装袋隔绝了蔬菜与外界微生物的接触，减少了微生物对蔬菜造成的影响，延长了蔬菜的保鲜时间，同时蔬菜呼吸功能减弱，营养流失少。真空保存如图 6.7 所示。

图 6.7 真空保存

（3）脱水干燥。脱水干燥是指通过烘烤、烟熏、晾晒等方式降低食品中的水分含量，抑制微生物增殖，延长食品保存时间。甘薯干、干辣椒、干豆角等都是经脱水干燥处理后的蔬菜。脱水干燥如图 6.8 所示。

图 6.8　脱水干燥

（4）化学保藏。化学保藏主要指的是糖渍、盐渍和醋渍。一般盐渍浓度达 10% 以上，就可以抑制细菌等大部分微生物的生长增殖。糖渍食品中糖含量必须达到 60%～65%，并且还应在密封和防湿条件下保存，否则容易吸水，降低防腐作用，常用于腌鱼、腌肉、腌咸菜、果脯、蜜饯等。醋渍多用于各种蔬菜，如泡菜和渍酸菜等。化学保藏如图 6.9 所示。

图 6.9　化学保藏

6.1.3　不同种类蔬菜的具体保鲜方法

（1）绿叶菜类蔬菜。该种类蔬菜建议用冰箱冷冻保存，如苋菜、空心菜、油麦菜。其步骤如下所示：

第一步，将蔬菜用清水冲洗干净，放在通风处自然风干或用厨房纸擦干。

第二步，在保鲜盒内铺上一张厨房纸，再将蔬菜放在厨房纸上。

第三步，盖好保鲜盒盖子。

第四步，如果有真空机，这时可以先抽掉其中空气，再放进冰箱。

（2）根菜类蔬菜。该种类蔬菜应保持干燥，避光保存，带上泥土保存，如马铃薯、甘薯等。用纸将蔬菜包裹，装入纸箱或袋子内再放置在阴凉干燥处即可（储存马铃薯时还可将苹果放在其旁边，苹果释放出的乙烯，能延缓马铃薯的发芽，延长马铃薯的保存时间）。

（3）带皮类、易损伤蔬菜。该种类蔬菜应该放进保鲜盒密封冷藏保存。轻轻地擦干其表面，避免损伤，放入保鲜盒后，再放入冰箱冷藏保存即可。

（4）食用菌类蔬菜。该种类蔬菜忌潮，应密封冷藏保存，如金针菇、杏鲍菇等。该种类蔬菜无须使用清水冲洗，直接装入保鲜盒或使用密封袋装好，再放进冰箱冷藏保存即可。

（5）切开过的蔬菜。该种类蔬菜应该密封冷藏保存，如切开的洋葱、冬瓜等。应用保鲜膜或真空袋封好后，放入冰箱中冷藏。

（6）葱、姜、蒜。

① 未切的使用保鲜袋冷藏保存。直接用保鲜袋封装好放入冰箱冷藏（若小葱、蒜留有根须，则放入干净的瓶中，加入没过根须的水，适时换水以延长其保鲜期）。

② 切过的可用纸巾分层，保鲜盒密封冷藏。用保鲜盒将

切碎的葱、姜、蒜装好，同时用纸巾分层隔开，密封好放入冰箱冷藏。

6.2　蔬菜的包装

6.2.1　蔬菜包装的重要性

对蔬菜产品进行包装能增加商品价值、保证蔬菜运输与储藏时安全，更加符合市场的需求，有利于其销售。对蔬菜进行合理的包装可以减少甚至避免蔬菜在运输、装卸时受到的机械损伤；阻止外界的微生物对蔬菜造成侵染，防止蔬菜因此而腐烂；还能减少蔬菜营养物质流失，降低外界气温剧烈变化对蔬菜造成的不良影响。除此之外，好看的包装还能起到美化产品、吸引消费者、宣传产品的作用，提高蔬菜的商品价值。因此，对蔬菜进行合理、有效的包装对蔬菜全产业链中的所有步骤而言都是必要的。

与其他产品相比，防护包装对蔬菜来说是保持其新鲜状态不可缺少的手段，但是，保鲜单靠包装是远远不够的，还需要提供良好的环境条件，如适宜的低温、适宜的湿度和适当的气体成分。这些环境需要在蔬菜的储存和运输过程中得到很好的维持，因此，研究与设计蔬菜的包装时，还应当考虑蔬菜的储存和运输问题。除此之外，蔬菜采摘后的处理也属于蔬菜包装的范畴。

6.2.2　蔬菜的包装设计

蔬菜的包装设计是指运用一条专门的包装流水线，对蔬菜进行清洗、药物防腐处理，达到新鲜，清洁，无机械损伤、病虫害、腐烂、畸形、冻害和水浸的标准，再按照有关标准进行分级、打蜡、打包、打印、装箱、封钉等步骤。高自动化的生产设备，使整个产品的生产流程都达到了全自动。例如，蔬菜的处理方法：首先将新鲜的蔬菜放在一个清洗池清洗干净，再通过输送皮带输送到吹风机，吹干后放到一个电子秤盘或一个横直径分级盘中，把重量不一的蔬菜送入对应的输送皮带；搬运时，人工摘出颜色不均匀和有缺陷的蔬菜，其余用输送皮带运送到包装机上进行定量打包。

（1）内袋的包装。内袋的功能是通过控制适合果蔬保存的气体环境，降低蔬菜的呼吸功能，减少养分的流失。例如，用纸袋和塑料布包裹蔬菜，使蔬菜保持新鲜、充实的状态。内袋内部气体组成决定蔬菜的呼吸能力。因此，内部包装必须保证其气体组成的稳定性。有以下几个问题需要注意：

① 过多地施用拉长剂、膨大剂等植物生长调节剂，会造成蔬菜的呼吸能力变高，使得包装内气体组成不稳定。因此，不宜大量施用此类植物生长调节剂。

② 水分含量高的植物，呼吸能力较强。因此，在采挖之前不宜浇水，还应挑选在温度较低的时间进行采挖，如早上和晚上。蔬菜的内包装如图 6.10 所示。

图 6.10　蔬菜的内包装

（2）蔬菜的外包装。常用的包装盒有塑料周转箱、钙塑瓦楞箱、泡沫塑料箱、瓦楞纸箱、花格木箱和各类网箱。例如，竹篮是我国传统的包装容器，是一种以储存果蔬为主的包装物。外包装的作用是保护产品，便于运输。因此，包装必须具有足够的坚固性，能够承受搬运、震动、挤压和碰撞。否则，在储存和运输的时候，包装材料会受到损坏，对蔬菜的完整性产生影响，还可能引发交通意外。采用外包装对果蔬进行防护，可以防止在装卸、运输过程中造成各类机械损坏。蔬菜的外包装如图 6.11 所示。

图 6.11　蔬菜的外包装

6.2.3　蔬菜包装业未来的发展趋势

随着我国经济社会的迅速发展和人们生活水平的提高，消费者对食品的包装提出了更高的需求。从无菌包装、增加包装功能、满足个性化需求、使包装更加智能、减少包装废弃物对生态环境的影响等方面来看，以下包装方式将成为未来蔬菜包装的发展方向。

（1）绿色包装。随着功能包装、软包装、真空包装、复合型包装等包装方式的兴起，众多包装企业和商家都在通过包装提高产品的附加值，从而获得更大的经济效益。过去，人们对包装物的结构和功能进行了较多探讨，却忽视了环保，对环境造成了很大的影响。在环境问题日趋严重的今天，人们对环保这个观念越加重视起来。

近年来，由于环保标识体系的建立，许多国家都在研究和开发环保包装。绿色包装材料、可再生包装材料、可循环利用包装材料已经逐步成熟，用这些包装材料取代不易重复使用、不易降解的材料，使用高质量的包装材料是今后包装行业的发展趋势。西欧、北美等地区以及日本、韩国等国家现已着手开发可降解塑料技术，这种塑料具有传统纸张无法比拟的优势和环保性能。绿色环保包装材料必将在未来持续发展。

与发达国家相比，我国在环保方面的研究进展比较缓慢，发展技术也比较落后，特别是相关的法律法规不完善，导致了行业的发展不均衡。目前，国内纸张的包装工艺相对较差，仍以塑料包装为主，制造出了许多的白色废弃物，对环境造成了极大的污染。另外，目前国内的塑料包装物回收利用率偏低，应当制定相关的法律法规，以促进其回收利用。

绿色包装物是目前最具环保意义的包装物，它既具备一般包装物所具有的基本特征，又具备了绿色、环保、经济等特点，对环境影响小。

（2）功能包装。功能性包装物是一种综合包装材料，它可以按照其产品的特点，在特定的应用中使用。功能包装材料发展迅速，门类繁多：根据用途划分，可以划分为食品功能型、环保型、保鲜型；根据功能划分，可以划分为热功能型、电功能型、光功能型、化学功能型、磁功能型、生物功能型、记忆功能型7大类。

　　长期以来，由于包装垃圾所带来的环境问题和食物品质问题频繁出现，传统的机械性包装难以适应市场的要求，功能性的包装越来越受到研究者的重视。近几年，越来越多新开发的产品出现在包装领域，特别是塑料的包装更是如此。针对目前国内外有关功能包装的研究状况，笔者从材料种类、包装用途等角度对其进行了归纳。

　　近几年，一批种类丰富、功能独特的新产品在国际市场上涌现，这些新颖的产品使人眼前一亮，引起了广大消费者和商家的极大关注。举例来说，美国 FDA 已经同意将一种能阻挡紫外线的物质应用到食物的包装中，它可以有效地阻止紫外线对食物产生的各种影响。日本公司开发了一种能够使食物在高温下长期保存而不会发生腐败的包装产品。目前，食物的储存方法越来越完善，能够使食物在长时间储存中保持新鲜的包装材料，已经是人们的首要选择。新加坡研发了一种新型的食品包装材料，这种材料含有抗菌和杀菌的成分，用它保存的苹果，经过 6 个月的时间，依然可以保持水果的丰盈。英德公司合作研发了一种新型的脱氧剂，能够使食品在保质期内保持其新鲜度。功能包装如图 6.12 所示。

图 6.12　功能包装

（3）智能包装。智能包装的包装材料通常采用湿度敏感、气体敏感、光电敏感等敏感材料复合而成，能够显示包装内的温湿程度、气体浓度等一些重要的参数。这是一种很有发展前景的包装方式。四川有一家公司近期成功研发出一种新型的防伪包装膜，这种包装膜无色透明，并且能够在光照条件下显示出无法仿冒的图案与文字。若将这种包装用于商品包装的生产线，能起到很好的防伪效果。这种新型的无色防伪包装膜的厚度一般为 10～100 微米。

智能包装薄膜材料上有由激光全息投影特制的金属板，能够在薄膜上印出各种各样的凹凸压痕文字以及层次感、立体感强的二维、三维图形，利用这种特性可以显示食品是否变质。这种包装材料一般由 3 个分离层组成：最内层为渗水层，直接与食物接触，有多孔，当食物被病菌侵染时，病菌就会通过多孔穿过渗水层，到达中间层；中间层中的凝胶体中含有一种特殊的抗体，这种抗体能与病菌产生化学反应，改变包装材料的颜色；随后病菌会到达最外层，与外层中含有的另外一种特殊抗体产生化学反应，以 X 的形状散开，让消费者能清楚地发现食物已经变质。智能包装流程如图 6.13 所示。

（4）个性化包装。随着科技的进步，同类型产品的相似度越来越高，个性化需求越来越强烈，企业之间竞争的重点逐渐转变为商品形象上的竞争。包装的形象设计不应当只是简单地刺激消费者的视觉感官，还应当巧妙地运用不同色彩，给消费者带来不同感受，增加商品对消费者的吸引力。

研究表明，不同的颜色给人带来的心理作用不同。白色象征着纯洁、神圣、正义与善良，让人容易联想到天使、白云、砂糖等意象；黑色象征着庄严肃穆，容易让人联想到夜晚、墨汁；红色象征着热情、危险、诱惑，容易使人联想到鲜血、红

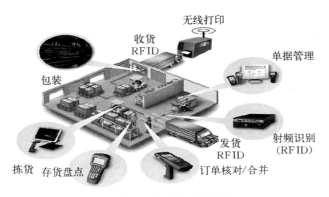

图 6.13　智能包装流程

唇；橙色象征着活力、兴奋、激动，容易让人联想到橙子、太阳；绿色象征着和平、新鲜、希望，容易使人联想到蔬菜、森林；蓝色象征着科技、平静，容易使人联想到宇宙、天空、大海；紫色象征着高贵与优雅，容易使人联想到水晶、紫罗兰。当然，能给人色彩联想的并不仅仅局限于色谱上的颜色，暖色给人以热烈、辉煌、兴奋的感觉，冷色给人以清爽、娴雅的感觉。这种对颜色的感受与联想是人们与生俱来的，因此设计好包装的色彩分布，增加商品在色彩上的吸引力与感召力，能让消费者恰到好处地联想到商品的作用与特点，还能提高商品的价值，更加吸引消费者并增强其购买欲。因此，为使商品在激烈的竞争中脱颖而出，需要商家在商品包装的色彩选择上下足功夫。好的商品包装能生动准确地表达出商品的特征与信息，甚至还能引起消费者心理上的共鸣。商品包装应把握消费者的心理，迎合消费者的喜好，激发并引导消费者的情感，以此来达到增加商品审美功能和市场价值的作用，促进商品的销售。蔬菜的个性化包装如图 6.14 所示。

图 6.14　蔬菜的个性化包装

6.3　本章小结

　　本章主要阐述的是蔬菜产业的现代仓储包装，分别从蔬菜的存储时间、蔬菜保鲜的方法以及原理、不同种类蔬菜的具体保鲜方法 3 个方面对蔬菜的仓储进行介绍，从蔬菜包装的重要性、蔬菜包装的设计、包装业未来的发展趋势 3 个方面对蔬菜的包装进行介绍。

7 蔬菜的冷链物流

7.1 冷链物流的概念

冷链物流通常指冷藏冷冻类食品在储藏、运输、销售、消费前的各个环节中始终处在规定的低温环境下，以保证食品质量、减少食品损耗的一项系统工程。

7.2 蔬菜产品的保质期

不同的蔬菜保质期有所不同。以下是生活中一些常见蔬菜的保存方法及保质期。

（1）绿叶菜类蔬菜。常见的绿叶菜类蔬菜有芹菜、卷心菜、白菜、青菜等。

芹菜：扎成小捆，根向下浸泡在水里，可保鲜 3～4 天，若发黄或放软了，最好不要食用。

卷心菜：卷心菜在阴凉通风的地方可以放 7～10 天，外层叶片变黄后摘除仍可食用。在冰箱中可保存 15 天左右。

白菜：常温状态下，一个新鲜的大白菜可以放近 30 天，当其菜叶变黄或发霉时，最好不要食用。

青菜：最好不要直接放进冰箱，应先把表面水分风干，再用干净纸巾包裹好，装进袋子，放入冰箱保存。或在冰箱保鲜盒里铺层纸巾，以吸收潮气，延长青菜保鲜时间，可保存 3～

5 天。

（2）芽苗类蔬菜。常见的芽苗类蔬菜有苜蓿芽、黄豆芽等。

苜蓿芽：将其焯水后放入密封的保鲜盒中，再放入冰箱冷藏，一般可以存放 1～2 个月。

黄豆芽：将黄豆芽装入塑料袋密封好，放入冰箱冷藏保存，最多不能超过 2 天。黄豆芽变绿仍可食用，但发黑就不能食用。

（3）瓜类蔬菜。常见的瓜类蔬菜有黄瓜、丝瓜、苦瓜等。

黄瓜：在一般情况下，黄瓜的保质期是在 6 天左右，放在冰箱里能够延长黄瓜的保质期。

丝瓜：丝瓜的保鲜时间通常为 1 天，放在冰箱最多保鲜 2～3 天。在储存丝瓜的时候不能清洗，直接用保鲜膜或白纸包好放在冰箱内。

苦瓜：一般可以将苦瓜放置于常温下保存 2～3 天。若苦瓜的成熟度比较高，一般可放置 1～2 天。在冰箱的低温条件下，一般可以保存 3～5 天。

（4）茄果类蔬菜。常见的茄果类蔬菜有番茄、茄子、辣椒等。

番茄：不用水洗，直接放于保鲜袋内，再放入冰箱，可保存 10 天左右。若表面有腐烂，最好不要食用。

茄子：茄子的表面有一层蜡，能够起到保护作用，在储存时不用清洗，可以套一层保鲜膜，放在阴凉处储存。如果切开后发现茄子变黑且面积较大，最好不要食用。

辣椒：沾水以后会变质，保存前不要用水洗，直接擦干放入保鲜袋，再存放于冰箱，可保存 7 天左右。发黄变软即为腐烂，不宜食用。

（5）甘蓝类蔬菜。常见的甘蓝类蔬菜有西蓝花、花椰菜、紫甘蓝等。

西蓝花：解冻状态常温下保质 6 个小时，冷藏状态下保质 16 小时，冷冻状态下保质 30 天。合格的西蓝花为翠绿色。

花椰菜：常温下花椰菜的保存期在 3～5 天，如果使用保鲜袋密封，放冰箱冷藏，可以保存 4～7 天。

紫甘蓝：整棵购买时，可以将心挖除，用沾湿的纸塞入其中，再用保鲜膜包起；购买半棵或 1/4 棵紫甘蓝时，可将保鲜膜拆开风干，再用保鲜膜包起，放在冰箱中可保存 15 天左右，应尽早食用。

（6）豆类蔬菜。常见的豆类蔬菜有菜豆、豇豆、豌豆等。

菜豆（四季豆）：一般来说，常温下可以将四季豆保存 3～4 天。在冰箱的低温条件下，可保存 5～7 天不变质。

豇豆：存放时间过长容易风干，可以先用沸水焯一下，然后放在阴凉处晾干，再用袋子装好放进冰箱冷冻室，食用前拿出解冻，可以保鲜 30 天。

豌豆：不剥壳放在通风处可存放至少 7 天，剥壳的可放 2～3天。

（7）葱蒜类蔬菜。常见的葱蒜类蔬菜有葱、大蒜、洋葱等。

葱：去掉皮、根，洗净沥干水分，切成段，放进保鲜袋，密封放入冰箱冷藏室，可保存 7 天左右。发芽、萎蔫、干瘪可以食用，但营养价值大大下降，发黄部位尽量不要食用。

大蒜：大蒜叶放入保鲜袋中密封后冷藏或置于阴凉处，切记不可受冻，能保存至少半个月。大蒜头直接常温保存就能保存很长时间，蒜头发芽可以吃，但若变色、发霉、腐烂则不能食用。

　　洋葱：晾干，放在凉爽、干燥、通风的地方即可，能储藏较长时间。如用塑料袋包住或放入冰箱，反而容易闷软、变质、发芽。发芽的洋葱可以食用，部分腐烂的洋葱清除腐烂部分后也能食用，但腐烂面积过大则不能食用。

　　（8）食用菌类蔬菜。常见的食用菌类蔬菜有香菇、木耳、灵芝等。

　　香菇：干香菇的保存期是半年以上。湿香菇可冷藏保存2～3天。

　　木耳：木耳的保质期一般是1～2年。即使过了保质期，若时间不长，没有发生变质，仍可食用；若变质，则不能食用。

　　灵芝：灵芝的保质期一般是1～3年。

7.3　蔬菜冷链物流的现状及发展对策

　　与一般物流系统相比，蔬菜冷链物流具有高投入、高要求的特点。

　　（1）蔬菜冷链物流各环节的管理与运作都需要专门的设备和设施，资金投入较大、回报期较长。

　　（2）蔬菜冷链物流的生产和消费较分散，易受天气、交通等各种不确定因素的影响，其运作和能耗成本较高而且不稳定，市场需求和价格变化较大。

　　（3）蔬菜冷链物流需要使物流环节和物流交易次数减少，来保证易变质蔬菜的时效性。这要求冷链的各环节具有较高的组织协调性。

　　（4）蔬菜冷链物流需要对蔬菜进行安全性的质量监控或实时跟踪，因此需要信息技术支持。

7.3.1 蔬菜冷链物流的现状

（1）缺乏独立封闭的冷链体系。一条完整的冷链包括冷链加工、冷链储藏、冷链运输与冷链销售 4 个环节，只有在 4 个环节中都使蔬菜处于生理需要的低温环境中才能保证其质量，减少其损耗。但目前我国能独立开展仓储、运输、配送等一条龙冷链综合物流服务的企业较少，虽然各地有一定数量的冷库和冷藏运输车队，但规模不大、服务范围小、服务功能单一，跨区域服务网络无法形成，无法提供市场需求的一条龙综合物流服务。

（2）保鲜包装技术落后，经济损失严重。长期以来，新鲜水果、蔬菜是我国主要出口产品之一，但由于包装粗糙、保鲜技术落后，每年有上万吨的果蔬腐烂，造成的经济损失严重。一些国家进口我国的蔬菜重新包装后，进入当地市场，其市场价比进口时高出很多，尤其是我国加入世界贸易组织以来，关税下调，国外蔬菜涌入我国市场，更加削弱了我国蔬菜的竞争力。

（3）硬件设施陈旧落后，冷藏运输效率低。目前，我国蔬菜冷藏运输主要采用公路运输和铁路运输 2 种形式，公路运输中冷藏保温货车非常少，铁路运输中大部分是机械性速冻车皮，缺乏规范的保温式保鲜冷藏车厢。装车多是在露天环境中而非冷库和保温场所进行，大部分蔬菜是用普通货车运输的，其上覆盖一块塑料布或者帆布。此外，原有的设施设备陈旧，无法为蔬菜流通系统地提供低温保障，造成蔬菜的大量损耗。

（4）质量监管力度不够。一方面，蔬菜冷链物流管理能力不足、体系不健全、管理队伍薄弱，人员业务水平不高，大多缺乏现代管理知识和经验，加上一些地方机构性质不明、职能不明确，缺乏经费和硬件设施，难以适应新的形势。另一方面，我国冷链物流法律法规不健全，设施、设备以及操作规程、温度控制等均没有统一的标准和技术规范，对蔬菜的保质期、外包装以及蔬菜运输过程中温度的检查力度不够，对违规企业的处罚力度不够，社会监管体系还有待完善。

（5）第三方物流发展滞后。我国蔬菜除了外贸出口以外，国内销售的物流配送业务大多由经销商完成，蔬菜低温物流仍以自营物流为主。只有极少数的物流公司能够保证对整个冷藏供应链进行温度控制。且第三方物流发展比较滞后，激烈的价格竞争，更让他们没有充足的资金来进行投资和扩大规模，使得第三方物流无法快速发展。

7.3.2　蔬菜冷链物流的发展对策

（1）完善冷链体系。完善国家骨干冷链物流基地布局，加强产销冷链集配中心建设，补齐两端冷链物流设施短板，夯实冷链物流运行体系基础，加快形成高效衔接的三级冷链物流节点；推进干支线物流和两端配送协同运作，建设设施集约、运输高效、服务优质、安全可靠的国内国际一体化冷链物流网络。"三级节点、两大系统、一体化网络"融合联动，形成"321"冷链物流运行体系。

（2）进行技术革新，提高保鲜、包装技术。不断进行蔬菜冷冻冷藏方式和包装保鲜技术的革新，有利于从整体上提升我国蔬菜冷链物流发展水平。运用先进技术改进现有冷藏运输设备，积极建立统一标准数据的计算机管理信息系统和电子交换系统，对各种冷藏车和冷库进行全面动态监控，及时了解库存产品的保质期和库龄；积极发展机械冷板冷藏车和冷藏集装箱，满足冷链物流要求；采用轻便材料、透明材料、绿色材料，实现蔬菜包装轻便、实用、精美，既美观又无污染。

（3）改善硬件设施，提高运输效率。政府应给予蔬菜物流车辆在各收费站免费通行、优惠通行或颁发绿色通道通行证的待遇，对向超市、销售点配送的车辆放宽进城时间和通行路段限制，实现方便高效的物流配送。冷库建设和购买冷藏车辆、专用冷藏车与货架及精密检测仪器等的资金投入大，投资回收期长，政府应区分情况，分别建立起以政府投入为主导的机制和以政府投入为导向、企业投入为主的机制。

（4）建立有效的监管机制。

① 健全监管制度。

a）加强法律制度建设。完善冷链物流监管法律法规，从准入要求、技术条件、设施设备、经营行为、人员管理、监督执法等方面明确各类市场主体权利、义务及相关管理部门职责要求，确保冷链物流各领域、各环节有法可依、有法必依。按照相关法律法规要求，细化配套规章和规范性文件，落实冷链物流全链条保温、冷藏或冷冻设施设备使用和运行要求。

b）健全政府监管机制。建立统一领导、分工负责、分级管理的冷链物流监管机制，发挥政府监管的主体作用，进一步明确各有关部门监管职责，强化跨部门沟通协调，加大检查力度，确保各项监管制度严格执行到位。推动冷链产品检验检测检疫在生产、流通、消费全过程及跨区域信息互通、监管互认、执法互助。完善主管部门行政监管制度，分品类建立完善日常巡查、专项检查、飞行检查、重点检查、专家审查等相结合的检查制度，依法规范冷链物流各类市场主体经营活动。

② 创新行业监管手段。

a）推进冷链物流智慧监管。按照规范化、标准化要求配备冷藏车定位跟踪以及全程温度自动监测、记录设备，在冷库、冷藏集装箱等设施中安装温湿度传感器、记录仪等监测设备，完善冷链物流温湿度监测和定位管控系统。加强冷链物流食品品质监测、仓储运输过程温湿度智能感知、卫星定位技术的应用，形成冷链物流智慧监测追溯系统，实现各环节数据实时监控和动态更新。加快区域链技术在冷链物流智慧监测追溯系统建设中的应用，提高追溯信息的真实性、及时性和可靠性。推动海关、市场监管、交通运输等跨部门协同监管和数据融合，依托全国进口冷链食品追溯监管平台形成全链条追溯体系，提升冷链监管效能。

b）建立以信用为基础的新型监管机制。发挥行业协会、第三方征信机构和各类信息平台作用，完善冷链物流企业服务评价体系。以冷链食品追溯为突破，形成以责任主体为核心的追溯闭环，对跨部门、跨地域的全链条追溯数据进行大数据分析，为信用评价提供数据支撑。依托全国信用信息共享平台，加强冷链物流企业信用信息归集和共享，加大公共信用综合评价、行业信用评价、市场化信用评价结果应用力度，推广信用承诺制，推进以信用风险为导向的分级分类监管，依法依规实施联合处罚。

c）强化冷链物流社会监督。发挥社会媒体舆论监督作用，加大对冷链物流领域违规违法典型案件的曝光力度，强化警示作用。支持行业协会建立行业自律规范，引导企业共同打造和维护诚信合规的市场环境，推动行业规范有序发展。畅通消费者投诉举报渠道，建立举报人奖励机制，引导和鼓励群众参与冷链物流监督，营造社会共治氛围。

③ 强化检验检测检疫。

a）健全检验检测检疫体系。适应不同农产品检验检测检疫要求，完善覆盖从生产、加工到销售终端全链条以及冷链物流包装、运载工具、作业环境等全要素的检验检测检疫体系。加强检验检测检疫设施建设和设备配置，完善应急检验检测检疫预案，实行闭环式疫情防控管理，防范非洲猪瘟、新型冠状病毒感染、禽流感等疫情扩散风险，提高重大公共卫生事件等应急处置能力。

b）提升检验检测检疫能力。围绕主要农产品产销区、集散地、口岸等，优化检验检测检疫站点布局，提高装备配备水平，增强冷链检验检测检疫能力。依托各地食品安全重点实验室，加强国家级、地区级食品安全专业技术机构冷链物流检验检测检疫能力建设。严格检验机构资质认定管理、跟踪评价和能力验证，强化冷链检验检测检疫专业技能培训。深化国际技术交流合作。

c）优化检验检测检疫流程。围绕农产品进出口，优化提升口岸/属地检查、检疫处理、实验室检验等流程，鼓励企业提前申报，依托国际贸易"单一窗口"，推行检疫处理、检测结果无纸化传递。按照分类监管原则，针对不同监管对象和产品特点，优化放行模式，提高查验效率。支持农产品批发市场、冷链物流企业、屠宰加工企业等建设快检实验室，提升就近快速检测水平。推动各地冷链产品检验检测检疫信息共享、结果互认。

d）筑牢疫情外防输入防线。完善口岸城市防控措施，建立多点触发的监测预警机制，严格执行高风险岗位人员核酸检测等规定，切实做到闭环管理。针对冷链等可能引发的输入性疫情，排查入境、仓储、加工、运输、销售等环节，建立健全进口冻品集中监管制度，压实行业主管部门责任，健全进口冷链食品检验检疫制度，加强检验检疫结果、货物来源去向等关键数据共享，做到批批检测、件件消杀，全程可追溯、全链条监管，堵住疫情防控漏洞。

（5）大力发展第三方物流。第三方物流作为企业作业管理的协作者、物流服务的整合者以及物流外包的契约人，日趋成为现代物流主流服务模式。在全国经济快速发展的新形势下，大力发展以第三方物流为特征的现代物流服务既是推动我国经济质量升级的一条重要渠道，也是我国传统运输物流企业转型的必然要求。政府有关部门要强化冷链规则的执行和监督，引导第三方物流向正规的冷链物流发展，同时第三方物流也要积极开展工作和培养人才来发展和壮大自身。

（6）注重对专业人才的培养。蔬菜冷链物流产业的发展对蔬菜加工、储藏、运输、销售等每一个环节都起到了至关重要的作用，要维持蔬菜冷链物流的正常发展，适应国际蔬菜冷链物流市场竞争的需要，必须重视培养高素质的物流管理人才。目前，大部分的物流企业由于资金紧张及重视程度不够，往往忽视人才的教育和培训，从而影响了企业整体管理水平和流通服务质量的提高。在这种情况下，要想在国际竞争中立于不败之地，必须注重对专业人才的培养和培训，提升企业人才的素质，提高整个企业竞争力。

7.4 本章小结

本章从冷链物流的概念、蔬菜产品的保质期、蔬菜冷链物流现状与蔬菜冷链物流发展对策 4 个方面对蔬菜产业的冷链物流进行详细的介绍。蔬菜冷链物流主要存在缺乏封闭的冷链体系、保鲜包装技术落后、硬件设施陈旧落后、质量监管力度不够、第三方物流发展滞后等问题，针对这些问题论述了相应的对策。

8 蔬菜产业链数字化营销

　　江西省常态地形类型主要以山区、丘陵居多，山区占全省面积的 36%，丘陵占全省 42%，平地约占全省 12%，河流约占全省 10%。大部分山地主要分布在省境边陲，东北地区有怀玉山地，东面有武夷山地，南面有大庾岭和九连山，西南面有罗霄山脉，西部有幕阜山和九岭山。地处我国长江流域的南部地区，平均纬度较低，具有亚热带季风性湿润气候的特点，四季分明且气候变化错综复杂。冬天冷空气流动较频繁；春天多为对流性气候；4—6 月雨水较集中，为江西省的雨季，此期间可能出现严重洪涝灾害；雨季结束后，全省大部分受副热带高压影响，天气以晴热高温为主，常有严重旱灾的出现；7—8 月有时会因风灾的干扰，发生降雨；秋季时晴天多、相对湿度较小、温度也适宜，是江西省一年中最适合蔬菜生产的季节。

　　江西省物华天宝，人杰地灵，勤劳聪慧的江西人民凭借着得天独厚的地理环境，世世代代不断探索、总结、创新，培育生产出了品味独具、名声远扬的富有江西省地理优势的农副产品。

　　（1）九江市位于赣北，处在江西省的最北部，北有长江南有庐山，东有鄱阳湖西有幕阜山余脉，水资源丰富，育有中国名茶系列之一的庐山云雾茶。

　　（2）上饶市地处江西省东北部、鄱阳湖东南岸，依山傍水，沼泽地广布，河道纵横交错、塘堰棋布，亚热带季风环绕，四季分明，降水丰富，气候温暖湿润，被世界知名农业考古学家马尼士教授喻为"上天选择出产稻米的地区"，并拥有被我国历代朝廷定为贡品的万年贡米。

（3）宜春市地势高、排水良好、土层深厚，万载人民通过多年的经验改良原来的小球做种、百合片繁殖等种植方法，研制出"两段法"培育技术，生产的百合品种优良，其中就有久负盛名的万载百合。

（4）抚州区域属于中亚热带季风气候，四季分明，天气温热，降水丰富，土地肥沃，土地中天然有机质成分丰富，由于得天独厚的地理位置和水土、气候等自然条件，抚州人民培育出了被誉为"橘中之王"的稀有珍品南丰蜜橘、有"莲不过广昌不香"之说的广昌白莲。

（5）吉安市属山地丘陵盆地地貌，地处中亚热带季风气候区，丘陵山区面积大，水资源比较丰富。依托井冈山红色与绿色生态的资源优势，打造了井冈蜜柚、绿色大米、有机茶叶、有机蔬菜、特色竹木、特色药材六大富民产业。井冈蜜柚栽培面积达 40.6 万亩，位居江西省第一位，绿色蔬菜播种面积达 160 万亩，为粤港澳大湾区"菜篮子"供应基地。井冈芦笋、永丰辣椒、遂川"狗牯脑"茶叶等成为当地一张响亮的特色农业名片。

（6）赣州市地处赣江上游、江西省东南部，位于热带湿润季风气候带，春早、夏长、秋短、冬暖，四季分明，雨水丰富，日照充沛，无霜期较长，春天多雨、温暖湿润，秋冬晴朗、干旱少雨，日夜温差较大，土壤以第四纪红土居多，兼有少部分的紫红土和高山黄壤，土质厚重，土壤偏酸性，天然有机质含量较低，但富含各种微量的稀土金属，培育生产出了被誉为"橙中之王"的信丰脐橙。

（7）南昌市气候温和，四季分明，雨量充沛，无霜期长，红谷滩区 4/5 为丘陵，1/5 属滨湖地区，地势西高东低，赣江支流星罗棋布，田地得到自流灌溉，地下水蓄充沛，水质为软水，土壤肥力良好，能排能灌，土壤 90% 为壤土或黏壤土，是适合生米薸头生长的独特土壤条件。

8.1　蔬菜产业的就近原则特征

蔬菜不同于一般的商品，有着季节性较强、保存时间短、运输较为困难、易受到供求关系影响、短期内价格波动较大等特点。因此，企业及个人在进行蔬菜销售时，常采用就近原则，以此来达到降低运输成本、减少蔬菜在商户的滞留时间的目的。

（1）蔬菜产业就近原则的基本特征。

① 易于形成地理位置优势：蔬菜生产基地与市区联系密切，交通便捷，适合优质、高效的蔬菜种植。

② 从某种意义上说，就近原则可以有效地解决长途运输造成的质量问题。因此，采用就近生产的方法，可以更好地保证产品的品质。就近原则具有较大的速度优势，可以在一定程度上保障目标城市蔬菜的供给，达到供需平衡，降低市场的波动性，从而获得较大的利润。

③ 市场优势：利用就近原则建立蔬菜供应基地，能更快地了解当地居民的需求，便于来年的购买、种植。与长期、远距离运输相比，缩短了运输时间，更能适应特定人群的需要，并能在一定的区域抢占更大的市场份额。

④ 物流上的优势：相比于传统的蔬菜基地，就近原则解决了蔬菜销售"最后一公里"的问题，既节约时间又节约运费，在乡镇、县城中占据了很大的市场。

（2）传统就近原则具有 3 个缺点。

① 缺乏抗灾能力：一般蔬菜生产基地都建在城市附近，因为规模小，同样的自然灾害发生时，受害更加严重。

② 产品结构单一：我国在科技投入、种苗选择、数字化栽培管理、病虫害防治和加工处理等方面虽然有一定的发展，但只能满足大多数城市居民的需要。由于在技术、气候等方面的限制，采取就近原则，在某些需求多样化的大城市很难满足居民的需要。

③ 规模较小：采取就近原则的蔬菜供应基地，往往分布在几公里之外，受城镇规模、供给量、耕地面积等因素的制约，很难实现机械化经营，若要扩大规模，不但要增加人力物力，而且要加大资金投入，使得销售蔬菜的盈利有所下降。传统蔬菜销售流程如图 8.1 所示。

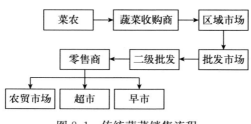

图 8.1　传统蔬菜销售流程

8.2　蔬菜全产业链的电子商务

电子商务指以现代网络信息技术为主要手段，以产品贸易为中介的商务活动，也可以理解为在网络平台、公司内部互联网和增值网（Value Added Network，VAN）上通过电商贸易完成产品买卖业务以及有关业务的过程，从而实现了商务活动各环节的电子化、网络平台化、信息化。

8.2.1　电子商务种类

常用的电商方式大致有 B2B、B2C、C2B、C2C、O2O 5 类。B2B 是指企业和商户之间建立的商贸联系；B2C 是指由供应商直接将产品提供给用户，即所谓"商对客"方式，也就是一般所说的产品零售，直接面对用户出售产品或者劳务；C2B 就是邀约，即顾客提出自己需要什么产品以及给出的价钱是多少，再由商家来判断能否接收顾客的邀约，假若商家接收顾客的邀约，那么就达成贸易，而假若商家并没有接收顾客的邀约，那么就贸易失败；C2C 是指在用户之间就能够直接把产品进行销售，即个人和个人之间合作的电商，其模式一般包括会员费、贸易提成费、广告费用、排序竞价收费、交易环节收费等；O2O 则将线下贸易的平台和网络整合到了一起，把网络作为线下贸易的前台，利用这种方式线下业务就能够直接线上揽客，用户也能够直接线下来甄选服务，可以在网上成交支付，这种模式能够迅速实现大规模发展。

现如今流行的电商形式：通过抖音、快手、拼多多、微信视频号等平台进行直播带货这种 B2C 的商业模式，采用网上零售的方式，或通过网络进行的线上营销的方式，直接面对目标用户；借助 QQ、微信等社交软件的微商；淘宝、京东这种 C2C 网络集市电子商务模式等。

蔬菜产业上游包括育种、施肥、病虫害检验等，主要需要运用传感技术、数据分析处理技术、信息储存和共享技术；蔬菜产业中游为蔬菜加工和保存，主要对冷链完整以及包装技术要求较高；蔬菜产业下游为蔬菜销售，主要依赖大数据分析以及网络平台的宣传。

8.2.2 农产品生态链平台

蔬菜产业上游包括育种、施肥、物联网监控、水肥一体化等，可运用智能灌溉、智能施肥、智能喷洒等智能农业设备，依照蔬菜生长的不同时期、不同状态采用不同种植方式，在降低农业生产成本、提高农业生产效率的同时，还能有效地保护农村的生态环境。

蔬菜产业中游的果蔬加工与储藏，一般涉及速冻、脱水、冷藏等。因此，必须完善电子商务物流，以推进果蔬冷链的物流发展。蔬菜产品从采摘、分级、打包、储藏、物流配送到营销和消费的各环节，必须在生产作业上密切衔接并相互配合，以形成一个完善的冷链。可以运用网络，促使物流链会员间构建合作伙伴关系，搭建重要果蔬公共信息平台与物流企业知识产权数据交易平台，使得重要蔬菜生产地的信息点与重要果蔬公共信息网络平台形成有效联络，利用计算机、互联网、自动化、GIS、GPS 等现代信息技术，进行重要果蔬企业与上下游供应链的数据共享，协调企业间或节点之间的配送服务。

蔬菜产业下游为蔬菜销售，包括线上销售和线下销售。可使用大数据分析选择合适的受众群体，采用直播、广告等宣传手段，加大蔬菜产品的宣传力度，建立品牌效应，提高产品在买方心中的可信度。同时，根据对受众经济情况、个人喜好的分析进行推送，以增加产品销量。

（1）利用农产品生态链及其应用的建设意义。通过建立全国统一的现代智能农产品管理网络平台，有效帮助农民合理规划、利用对农产品项目、技术方案的投资。对农作物生产过程进行可视化控制，提高农作物产品科技化含量，通过建立全国现代智能生态农业示范点,有效发挥宣传示范的作用。同时,通过农产品生态链的有效运用,进行精细化农业生产和现代智能化产品管理,有效降低了生产成本,减少了优质农业的资金投入,并且减少了农作物产品对环境的污染。通过建立科学合理的农业产品环境和精细化生产管理,有效促进农产品品质和产能的提高,从而实现农业节本增效的目的。利用大数据分析,整合专家经验和研究成果,为农业产品决策过程提供了有效的数据支持。通过生态链技术,提取了农业产品生产过程中大量真实可信的视频、图片和环境数据,对电子商务、产品质量安全、追溯管理等行业提供了有力的数据支持,增强了农产品公司的品牌影响力和市场公信力。总体构架演示图如图 8.2所示。

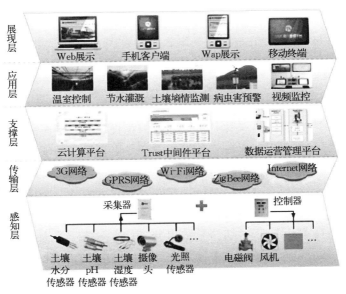

图 8.2 总体构架演示图

（2）农产品生态链及应用的建设任务。通过网络平台搭建与基地建立，利用生态链信息技术，进行农村生产条件信息监控与远程智慧产业管理，提升产出质量、减少劳动力投入。利用云计算技术、大数据分析技术，及时对田间的监测数据、产品信息、经营数据、生态状况信息等进行数据分析及管理，为今后的农产品监管和灾害决策分析提供有力保障；经过智能生态农业体验馆和基地示范点的建立，有效展现了农产品可视化的效果，树立数字农产品龙头公司的品牌形象。

8.3　蔬菜产业数字化营销

8.3.1　我国蔬菜产业数字化营销存在的主要问题

（1）行业发展状况不佳。近年来，我国蔬菜产业发展迅猛，但规模小、地域特点突出、品种繁多、信息收集不充分、市场预警能力差、盲目跟风等问题成为制约我国蔬菜产业高质量发展的重要因素。"蒜你狠""姜你军""辣翻天"等词语在新闻中大量出现，影响了蔬菜的生产和销售。

（2）农产品标准化程度低。标准化程度高、具有品牌影响力、绿色纯天然、易配送的有机农产品更容易受到消费者的青睐。但目前，我国农业生产和农产品标准化还处于起步阶段、标准化程度低，缺少一套行之有效的标准化体系。产品的差异性使得市场良莠不齐，销售困难。

（3）缺少种子（幼苗）销售管理。一些蔬菜（如姜、蒜、藕）属于无性繁殖，在市场监管、品种保护、事后追责等方面存在问题。一是种苗质量不高，种苗来源、纯度、质量不能保证，对产业造成了很大的影响。二是没有品种权，可以随意买卖，1个品种具有多个名称。三是目前市场上出现的新品种侵权行为。新品种缺乏有效的管理手段和方法，致使新品种在维权和执法过程中出现了一系列问题。

（4）产业链条连接不够。有许多蔬菜属于加工型蔬菜，对产业上游、中游、下游链条连接的要求较高，部分作物还存在深加工水平不高、连接不畅、技术脱节的问题。一方面，种植端生产的原料不符合加工端客观需求，制约产业规模化发展。例如，辣椒原料在产地采收和储运过程中易受到霉菌等污染，造成黄曲霉毒素超标等安全问题。另一方面，干制、腌制、罐藏、脱水是我国特色蔬菜加工型产品的主要形式，基本上属于初加工产品，产品附加值较低。

8.3.2 蔬菜产业数字化营销的三大方向

（1）直播带货。当前，数字经济日益成为一种重要的经济业态，而在疫情影响下的我国市场，直播带货也已经成为一种新的趋势。直播带货作为一种有效的宣传手段，运营成本较低，受众较广，不受时间、空间限制，逐渐成为农产品销售的重要手段。如抖音直播带货、快手直播带货、拼多多直播带货、微信视频号直播带货等，都能够帮助蔬菜产业扩大自身知名度，解决农产品滞销问题，缩短农产品线下的交易环节，在防控疫情的同时增加农民收入，避免蔬菜产业在受到疫情波及后产生市场动荡。同时，直播带货不仅拉近了农民与市场的距离，也拉近了消费者与蔬菜产品的距离，让大棚、田间地头摇身变成直播间，消费者能直观看到农产品原产地种植状况，与主播实现互动对话，也能更深入地了解产品特点，学习专业的农业知识，增强信任感。因此，要不断深化直播带货这种新兴的农产品线上销售模式，加快传统农业与新型互联网经济相结合，助力蔬菜产业转型发展。同时，也要加大对农民在视频直播、网上开店、电子贸易等方面的培训力度，使其熟练掌握上网操作方法和相关直播销售技巧。

现如今，直播带货有着非常广阔的前景与市场。在直播带货迅速发展的过程中，各平台也涌现出不少农产品带货的"网红"，通过他们，消费者可以更深入地了解到直播带货在农产品市场的广泛应用，以及"网红经济"影响下农产品销售更方便快捷的途径。以下是部分农业领域"网红"的介绍：

① 李子柒。李子柒在全网各大平台都有着广大的粉丝，甚至在海外也有超高的关注度。李子柒的作品题材来源于最真实、古朴的传统生活，以中华美食文化为主线，围绕衣、食、住、行4个方面展开，很好地宣传了我国传统文化，中央电视台曾评价她"没有一个字夸中国好，但她讲好了中国文化，讲好了中国故事"。李子柒的视频风格清新脱俗、悠闲惬意。现代生活的忙碌和压力，让大家纷纷向往古时"采菊东篱下，悠然见南山"的惬意生活，无数人在李子柒的视频里看到了我国隐士式的田园牧歌，从她的视频中得到安慰，在纷杂的世界里找到一处清凉。在直播带货领域，李子柒创造出了一种独特的"李子柒模式"，其核心在于场景的营造，无论是美食的制作，还是场景的选择，都给消费者营造出一种理想的世外桃源、人与自然和谐共生的理想境界，再加上成熟的艺术表现、镜头语言的故事化运用，让美食乃至美酒"师出有名"、物有所值，为平日里看似普通的东西增添价值。

当人们讨论田园理想时，最有趣的一点是无论如何，向往乡村的城市人难以从城市抽离。其中一个典型的田园文化消费例子就是关于农产品的购买。这或许是最便捷、最快速、最容易得到快感的与乡村生活发生联系的方式了。人们倾向于认为，不同于超市货柜中冰冷的冷链传输的蔬果，农产品出处与土地相连接的或者绿色、有机的才是健康的。因此，当他们在一些农村自媒体中看到果农、渔夫宣传自家产品时，往往容易心动并购买。李子柒亲自采摘植物、升起火炉、手工烹饪，再用富有古朴风格的瓷碗盛装。这些举动都深深地吸引观众成为购买者，人们购买视频中出现的产品，好像就能获得李子柒所享有的美好田园生活的一块碎片，这是乡野乐园的纪念品，见证着人们与自己的梦想发生关系。因此，尽管产品价格往往昂贵，但是这些产品依旧能获得很好的销量。例如，李子柒带货的一款火锅底料，产品售价高达 77 元，但微博的转发量达到 3.8 万，评论量 4.3 万，点赞量 23.1 万，引发了不少观众购买。李子柒带货的苏造辣酱，售价 59 元 2 瓶，与老干妈不到 10 元的价格形成了鲜明对比，但配合"新传统、慢生活"的文字包装，再加上视频中李子柒亲自示范一步步调试配方、试口味、选用料，每一处细节都做到了精致的宣传，也获得了不俗的销量。

　　李子柒作为"中国农民丰收节推广大使"之一，也在接受媒体专访时表示，想要通过自己的作品让大家发现中国不一样的传统农业文化，让更多中国人知道祖国的大好河山与传统文化。而作为中国第一个在国外视频平台上粉丝数突破千万的中文内容创造者，李子柒的影片也将中华民族的传统文化更好地推广出国门，不论是独特的中式美味或是东方的传统技艺，都令来自世界各地的观众们为之赞叹。在国内，李子柒的视频也同样得到了大批观众的青睐。通过影片中季节的更迭、作物生长与发育过程的展现，让许多人在享受传统乡村风光的同时，也认知到了更多传统农业知识。许多网民都在视频留言区写道，通过李子柒的视频认识了许多在都市里从没见过的花草树木，也懂得了这些瓜果蔬菜的来之不易。而此前，李子柒就曾公开表达过希望能借助自己的视频，传播更多实用的科学知识。

②"丽江石榴哥"。"感谢每一个支持帮助的朋友，感谢每一个信任的朋友，现在还有 45 秒钟，还有 45 秒钟！""丽江石榴哥"金国伟熟悉的声音出现在抖音的直播间里，他的第一次电商卖货活动，交出了一份让人惊叹的数据：销售时长 20 分钟，近 600 万元成交额，"丽江石榴哥"创造出属于他的抖音电商奇迹。

"丽江石榴哥"为人憨厚老实，凭借着其真诚幽默的推广方式在抖音平台的直播带货中开创了一番天地。"如果你觉得贵的话是可以讲价的，你可以试吃，不买也没关系，我是不会生气的""我知道我最多可以红两个月就会凉了，但是没有关系，我把石榴卖完以后，我还有一份工作"，"丽江石榴哥"的话语幽默有趣、耿直且真诚，在这个套路与欺诈泛滥的时代，"丽江石榴哥"的真诚是一道别样的风景。

"丽江石榴哥"说着一口流利的普通话，还掌握了英语、日语、粤语、纳西语、白族语，流利地卖着石榴。据说，有位外国游客和"丽江石榴哥"进行了长达半小时的交流，对他的英语水平十分欣赏，甚至怀疑他曾经到英国留过学。一个被"丽江石榴哥"惊艳到的人，把他的视频发到了抖音，网友也被惊艳到了，于是纷纷转发。"丽江石榴哥"金国伟，一夜成名。据说，抖音里"因为你，我想来丽江"这样的评论，已经超 100 万条。就连蚂蚁金服的董事长井贤栋，也跑到"丽江石榴哥"的摊位前买了几个水果。简单朴实的外表与丰富有才的内在形成了巨大反差，令人出乎意料，吸引了观众们的眼球，也因此增加了观众们的讨论度和关注度，取得了良好的直播带货成绩。

在他一夜走红之后，很多平台电商向金国伟涌来，金国伟面对一些利润很大的产品，他却不愿意带，因为这种产品并不适用大众人群，有时候还容易"翻车"。随着金国伟影响力越来越大，他开始帮助家乡农产品宣传售卖，山药、蜂蜜、红糖，清一色家乡特产。为此，网上还给他一个"扶贫达人"的称号。

③"麦小登"。"麦小登"本名王晓楠，她的家在河南省安阳市滑县，大学毕业后，"麦小登"留在郑州，因为城里的工作机会多一些，她尝试了不少工作，她当过新闻编辑，也当过辅导班的教师，还摆地摊卖过衣服。2019年的时候，"麦小登"做起了外卖，与此同时，抖音、快手的小视频行业正风生水起。于是，本身就是学新闻专业的"麦小登"，自然不甘人后，她也玩起了小视频，将生活中的点点滴滴记录下来。2019年6月，当她回家帮父亲收麦，望着金灿灿的麦田时，她给自己的视频号起了个新名——"麦小登"，意为期待小麦丰收、年年五谷丰登。就这样，在干农活之余，她成了一名自媒体视频创作者。人们跟着镜头走进她家，也走入了豫北农家人的生活里。

从开始创作到2020年9月初，一年多下来，"麦小登"坚持每日更新作品，总共制作了300多期视频，拍摄了2万多个素材。她不仅被中央电视台和《河南日报》点赞，粉丝数量也快速涨到了210多万。"麦小登"火了，被媒体誉为"全网最美瓜二代"。网友们被"麦小登"的笑容温暖着，也被她和父亲的故事感动着，她说："选择这样的方式陪伴最亲的人，真的非常幸福。"

"麦小登"火了，不像个别"网红"一样只想着捞金，她想要把曾经帮助过她的父老乡亲们拉上一起脱贫致富。2020年，因为新冠疫情，河南省滑县牛屯镇的大蒜滞销。当时阴雨不断，眼看这些蒜就快烂在手里，王晓楠得知消息后，筹划以抖音直播的形式帮助蒜农卖蒜。直播当天，"麦小登"仅用半个小时就卖出 5 000 单大蒜，挑拣大蒜、打包运输，一直忙到凌晨两三点，接着订单又从四面八方如雪片般飞来。

④"蜀中桃子姐"。如果你喜欢刷短视频，你或许在网上看到过这样一个女人，她穿着一身花花绿绿、有点土的衣服，扎着一个马尾辫，肤色黝黑，在厨房前忙活着。她的视频都是一些做饭的教程，以及与丈夫、孩子、婆婆相处的日常，可是她每个视频的点赞量平均都在 20 万以上。

2018 年 8 月 3 日，"蜀中桃子姐"在抖音上发布了第一条短视频，展示了制作南瓜饼的过程，又陆续发布了四喜丸子、冷吃兔、酸辣提花等一系列美食的制作视频。刚开始的时候，"蜀中桃子姐"十分内向和羞涩，她不太愿意出镜，所以镜头一般只是对着她的双手和食材。就这么做了一段时间，她的账号一直不温不火。

2019 年，在经过了一番探索后，"蜀中桃子姐"及时地转变了以往的拍摄风格。她开始大胆地出镜，做起了家乡的美食。她说着一口流利的四川普通话，系上花花绿绿的围裙，向观众展示了四川美食的制作过程。这种接地气的淳朴和善良，打动了不少屏幕前的网友。随后，她的视频在网上获得了不少的播放量和点赞量，但离火还是差那么一点。有一次，"蜀中桃子姐"的丈夫包立春在钓鱼回家的路上，她拎着鱼走在前面，被她丈夫抱怨的细节，被拍进了视频。视频发布后，获得了很多网友的关注和点赞，这条视频也被推上了首页。大家喜欢的就是这样夫妻之间的吵吵闹闹，平淡且温馨的日常。

如果说李子柒是风轻云淡、岁月静好、遥不可及的田园牧歌，那么"蜀中桃子姐"就是人间烟火、柴米油盐、近在眼前的家常便饭。

⑤"川香秋月"。在四川泸州一个偏远的乡村里，秋月与她的父母、弟弟住在一起，他们日出而作、日落而息，把每天在农村劳作的生活以及家常美食发布在抖音上。秋月说着一口四川话，满面笑容，是个典型的川妹子。川妹子总有一种吃苦耐劳的精神，能干、泼辣。穷人家的孩子早当家，秋月自小时候起就传承了父母辈的好厨艺，视频里常常见她做着令人垂涎欲滴的川菜，如火爆肥肠、竹筒饭、清明螺。李子柒的视频中，常常有奶奶出镜，而秋月则拖家带口让全家都出镜了，他们互相拍摄、轮流出镜。在镜头里，有她的弟弟二娃，二娃有时跟着姐姐一起去田里抓螺蛳，有时帮姐姐生火做饭。吃饭时，秋月常常会大声吆喝一声，喊干农活的父亲回家吃饭。秋月的母亲则帮着秋月做手工，如用楠竹做粑。一家人经常坐在一起聊天吃饭。网友们很喜欢这一家人其乐融融的相处模式，这就是平凡农村一家子的生活。

短短几个月，秋月的站外粉丝量涨到了700多万，点赞量高达4 800多万。这让秋月感到很意外，没有剧本，没有刻意编排场景，只展示了最原生态的乡村日常，这些视频居然火了。"既然大家喜欢看，那就多拍些乡村生活"，秋月将短视频改名为"川香秋月"，就像记日记一样，她将日常生活都拍了出来，发在网上。就是这样平凡的田园生活，吸引了众多网友观看，粉丝量以单日2万～5万的增速上涨。最多时候，一条视频播放后，粉丝量涨了近50万。她的视频不仅上了抖音的热门，还被平台推荐到了首页。那一刻秋月才知道，有那么多人喜欢她的生活、喜欢她的家乡。有网友评价："看秋月做饭特别享受，农村一家人的生活其乐融融，让人不禁回忆起小时候，感觉特别亲切。"如今，她将"川香秋月"做成了品牌，并开了同名淘宝店，短短一个月，店铺上线的两款美食就收获了100多万元成交额。而在这些成绩的背后，没有团队，没有资本。从富士康流水线上的打工妹到百万粉丝量的美食短视频博主，秋月说她想做独一无二的自己。

⑥"华农兄弟"。刘苏良和胡跃清是江西省赣州市全南县南迳镇古家营村的村民，他们更广为人知的身份是有着千万名粉丝的网红——"华农兄弟"。穿着拖鞋追鸡撵狗、翻山爬树挖笋采菇，"华农兄弟"视频号从2018年开始运营，与李子柒视频里诗意的田园生活不同，"华农兄弟"镜头里的生活更接地气，他们展现的就是普通的农家生活，这也是人们对于"华农兄弟"的最初印象。

"华农兄弟"中，刘苏良主要负责出镜，胡跃清负责拍摄和后期制作。在运营"华农兄弟"账号前，刘苏良和胡跃清离乡打工近10年。2018年，交集不多的两人因为短视频一拍即合，两人合作拍摄的视频还挺受欢迎。渐渐地，"华农兄弟"这个名字开始被网友熟知。最火的时候，"华农兄弟"一个月能上七八次微博热搜。拍摄视频3年来，"华农兄弟"全网粉丝量已破千万。

2020年初，受新冠疫情影响，一些农产品滞销，让生在农村、长在农村的刘苏良和胡跃清心痛不已，他们随即开启了助农带货之路，视频内容除了展现乡村美食、美景外，还推广家乡特产。

"兄弟家的脐橙熟了""我们去看看兄弟家的香菇""这就

是兄弟家的野生蜂蜜"等，打开"华农兄弟"微博、B 站的商铺，里面只有 5 样商品——脐橙、月亮巴、土蜂蜜、香菇、脐橙糕，从本村"兄弟家"的山珍土货，到全南县 7 个乡镇的优质农产品，每一样都是赣南特产。

2020 年，"华农兄弟"帮助农户卖出 400 多万斤农产品。其中，有 380 多万斤赣南脐橙、10 万多斤月亮巴和酸枣糕、6 万多斤香菇、4 万多斤蜂蜜。

如今，越来越多的网友知道了赣南的各种特产，脐橙、月亮巴、酸枣糕销往全国各地。"在村里打包、建物流基地能带动更多村民就业增收"，刘苏良说，在脐橙采摘旺季，每天能带动五六十名村民增收，每名村民每月能挣 4 000～8 000 元。刘苏良和胡跃清两人从农民"网红"蜕变为网络带货"电商达人"，每个月的销售额保持在数十万元，并且逐步提升。

⑦"远山的阿妹"。香古是湖南省永州市蓝山县荆竹瑶族乡一名土生土长的瑶山妹子，大学毕业后南下广东省打拼，并累积了一些创业经验。2014 年，她开始回乡创业，依靠自己的力量，创建了"香古瑶"品牌，做瑶浴传承人，并一心为故乡代言，努力带动瑶乡民众增收致富。

瑶族瑶浴是瑶族民间用来抵御风寒的传统文化风俗，很受消费者喜爱。随着香古瑶的店面不断扩大，瑶浴的原材料也供不应求。因此，她率先组建了合作社，并希望更多的乡亲们加入其中。仅用了数年时间，香古瑶就在国内拥有了 200 多家品牌连锁店。

香古对瑶乡低收入人口、农村妇女等进行了技术培训，并成立了非遗工坊，在企业的引领下，让更多其他的瑶族企业品牌、瑶乡民族商品走出大山，使本地农民通过就业提高经济收入，从而帮助农村的振兴。

香古于2019年在抖音、快手等新媒体平台推出了"远山的阿妹",用2年时间获得了全网7 000余万点赞,总粉丝数达到2 000余万,作品有160亿次阅览量,并获得了"快手三农年度新锐奖"以及"抖音三农扶贫帮农活动形象大使"等称号。香古与湖南广播电视台旗下新传媒与内容服务公司芒果MCN签约,迎来更大的发展。

⑧"乡愁"。一个名叫"乡愁"的账号,满足了大部分人对田园的向往,主人公沈丹或在山中挖笋,或在茶园采茶,或在水田犁地,或在厨房张罗饭菜……视频中的沈丹没有过多的言语,却向网友们展示了一个世外桃源般的武夷山、一种返璞归真的乡土人情。

真实的故事总有打动人心的力量,沈丹的故事也不例外。2021年5月,沈丹注册了自己的公司,搭建团队,鼓励村民组建农村专业合作社,然后以公司的形式对接合作社,进行农副产品的采购和销售。在抖音短短一年,她的粉丝量就超过了100万。目前,她的抖音粉丝已经接近1 700万。面对众多的推广、直播带货邀请,沈丹没有盲目接受,而是选择做自己的品牌。

2020年3—4月,福建正值雨季,仓库里的茶叶泡水,巨大的损失让沈丹更加坚定"亏谁也不能亏村民"。沈丹帮助村民把控品质,把品质和口感放在第一位,教他们管理茶山、增量增产。此外,沈丹还请科技特派员帮助村民保质增产,让村民在自己的公司上班,也能有一份收入。

以下是直播带货的3个重要因素。

一是产品选择:特色农产品。就像"网红"主播会在直播时挑选有卖点的商品,农业直播带货自然也离不开有卖点的商品,要做到更有价值的农产品直播带货就离不开以地方优势农产品为首的商品选择战略。

从我国农业发展现状来看，由于我国地大物博，南北地理条件、气候条件、耕作习惯等方面存在较大差异，形成了特色化和差异化的农产品，因此各地推出了各具特色的农产品展销节、购物节。同时，农产品的多样性和质量保障，迎合了消费者追求农产品差异性和优质的需求，如乌鲁木齐哈密瓜、新会陈皮等。

从农业直播的推广视角出发，以地区优势农产品为主的产品战略是一个很明智的决定：一方面，农业直播带货的市场铁律是"有流量才有销量"，而这些地区特色优势农产品以及自身拥有一定影响力的品牌，可以吸纳大批受众形成流量红利；另一方面，视频中可以凸显特色商品的亮点，避免粉丝们和带货者视线转移，进而做到"多带货"。

从农产品的商品描述来看，其实在直播带货时除讲述产品的销量、来源、使用环境和价值等内容之外，还可以将商品的特色用段子加以归纳。选取地方的著名农产品当作直播的重点商品，充分发挥其自身所带有的地方独特人文属性。为便于直播带货的地方农产品呈现出其文化价值内涵，可以将有关农产品的历史传说讲得妙趣横生一点。这样有利于增加地方农产品的溢价空间，从而树立各地方的农业形象。

由此可见，在农产品直播带货时，进行商品筛选是需要技术的。这种以各地的农产品为主的商品选择策略，可以有效地保障农产品直播带货的效率提升。

二是直播人才：新农主播培养计划。虽然直播行业的铁律是"有流量才有销售"，但目前的"网红"主播们并不是农产品直播行业的唯一引流选项。如互联网主持人也可以成为农业的推销员，所以可以针对性地对互联网主持人开展与农业相关的培训。假如是由农户进行直播带货，直播间现场可能会由于农户不专业的形象和召集力不足而造成大部分流量的损失，再加上如果农户的普通话表达能力较差，可能会使得直播间现场气氛显得有些尴尬，从而激发不了用户的购物兴趣。而开展新农主播带货培训，可以促进形成农业的播出优势，开发符合农业特点的播出方式。

农作物与其他形式的商品有所不同，一般人们对农产品的认识不高，更关注农产品的安全性和品质。根据这一点，新农主播培养计划应与农产品的安全性和品质特征相符。从选择要培养的主播上看，应该从掌握农业技巧的人中选择，在推销产品的同时，通过专业地介绍有关农产品的故事，从而突出了新农主播的专业化水平，使观众在收看农业直播的过程中掌握选择农产品的技巧，从而增加了观众对农产品的质量安全和品质认同。此外，对于家庭生活消费品和土生土长的农产品来说，离不开"接地气"这3个字，新农主播的培养还要进行"接地气"的培养。

新农"网红"主持人不同于目前的网络红人主持，网络红人以时尚品带货居多，而新农"网红"以富有乡土气息的农产品为主体商品。他们对农业品牌和农产品有着很深的了解，在直播时，对农产品进行生动的介绍可以使直播间的气氛更好，促进农产品的销售。

三是农产品品质保证：直播各环节的把关。从目前的农业扶贫直播带货市场情况来看，消费者对农业直播所提供的"货"评价好坏不一，但大多聚焦于农产品的质量。那么，该如何在农产品直播带货的过程中"带好货"？

作为新型业态的农产品直播带货，确实很难在短期内完成品牌与质量的管控，不过农产品若想持续地在直播中生存下去，就需要根据这一问题在直播带货与产业链的各个环节上采取相应对策。

从农民对农产品的培育过程上来看，应该规范农业的生产，从而使农产品更加符合农业的直播市场需求，如根据农业直播市场经验，组织农户开展专门针对农业直播市场的工作，通过融合直播来规范农业的生产和提高农产品的质量安全。

从网络直播对农产品品牌竞争力的选货环节上来看，进一步明确网络直播对农产品质量方面"谁带货，谁负责"的严格规定，倒逼网络红人在出镜直播带货时，慎选产品主体、严格进行质量检查，并以此间接地倒逼农民更加关注农产品的质量安全，从而整体促进了农产品直播的质量提高。

从农业的网络消费者监督角度上来看，可借鉴广东省农产品直播间投诉网络平台。它通过自主收集农产品直播过程中发现的违规问题、商品质量问题，在直播间带货众军混战的阶段提早参与，规范、指导直播间带货行为，在农产品直播新业态蓬勃发展的同时，保障消费者的利益，让消费者看了农产品直播后更乐意消费和更敢消费。

总结直播带货的问题，如果说农业带货由于前期宣传扶贫标签而杂乱进入农业直播间市场，忽视了消费者本身对农产品的质量要求，农业直播带货反而会弄巧成拙，破坏整体农业直播间的品牌口碑，而且还会使农业线上营销的转化变得更困难。

（2）微商。微商是基于移动互联网，借助社交软件工具，以人为中心，以社交为纽带的新商业。微商确切地说应该叫微电商，是指靠使用"微系统"进行"微营销"，在互联网上赚钱的人员。"微系统"一般就是由 QQ、微博、微信、陌陌这些使用人数比较多的社交软件，贴吧、论坛、新闻自媒体等网站以及淘宝、天猫、微店这些平台组成的直接或间接销售产品的互联网营销和成交系统。

　　一方面，微商可以在这个以消费者为导向且受众需求多元化的市场下，利用好人们的碎片化时间，巧妙地将信息融入消费者的日常生活中；另一方面，依托于移动社交端，买卖双方交流频繁，有一种亦商亦友的感觉，增强双方的信任感，顾客忠诚度高。微商可以通过消费者的好友关系链扩大自身的生意，使消费者人数达到一种裂变式的增长。同时，消费者的售后服务有了一定的保障，这一隐藏的附加价值会提升消费者满意度。

　　但是，微商也存在一定的问题，如缺乏店铺信誉和比较机制。电商购物与线下购物相比，很大一点不同就是消费者看不到真实的产品，只能通过图片来进行比较和做决定。但是，因为图片又很容易造假，所以淘宝这种C2C平台，经过多年的时间积累，发展出了一套完善的店铺评级机制，为买家是否购买提供重要的参考信息。这种机制主要包括店铺评分、等级、买家的评论等。目前，微商并无类似淘宝的这种店铺评级机制，也无商品、店铺的评论功能，这种情况让微商店铺的信息变得越发不透明、不对等。一方面，消费者很难在不同的微商店铺之间进行比对；另一方面，消费者也很难对店铺本身的信誉、品质情况进行鉴定。这种购物行为，消费的是人际关系和品牌信誉，一旦产品有问题，店铺和消费者之间的关系就会破裂。并且，微商的宣传方式单一，容易引起消费者反感。微商大多以固定的文字加图片的模式进行产品上新，这种千篇一律的上新方式，一天可以在微信朋友圈等平台发几十条甚至几百条。这会使得本来有意向或者想回购某些商品的消费者产生反感心理，对这类信息进行自主过滤，从而导致客户的流失。这反而是得不偿失的，因为这已经偏离了微信朋友圈存在的意义。调查显示，有接近75％的人对微信朋友圈的微商推送表示不关注甚至是反感的态度，这说明微商的推广其实并没有获得特别大的效果。

微商数量在不断增加，但是在同质化商品中，总会有优胜劣汰，所以有一部分微商必然会面临着被淘汰，这就需要规范微商的发展。可以将微商的功能进行划分，依靠不同平台进行交易。如可以将微商分为两部分：一部分是它的社交部分，将微信朋友圈回归其社交功能，依靠微信朋友圈进行推广，发展挖掘潜在客户；另一部分是它的交易部分，交易并不借助微信等社交平台进行，因为利用社交平台进行销售有许多不足，所以关于交易的部分，可以回归到电商平台，通过电商平台进行交易，在保障交易的同时，保障消费者的权益。

面对每天微信朋友圈几十条甚至几百条的广告信息，有些人可能不厌其烦，微信朋友圈的使用体验大幅降低。针对这类问题可以设置专类专区，使不经常在微商那里买商品的消费者正常地使用微信朋友圈，减少了因为产品广告过多所带来的烦恼，同时又满足了他们对于微商销售产品的需求。也可以每天在不同时段进行汇总上新发布，再加上不同于其他人的创意文案或视频等，来吸引消费者的关注。

在科技发达的互联网时代，微商发展是十分迅速的，如果能够合理地规范微商的运营模式，合理地利用微商这一营销方式的裂变效应，可以在一定程度上促进我国经济的发展。对于微商的发展，应一边扩大自己的优势，一边完善不足的地方，顺应时代潮流发展。

（3）京东商城。京东商城是我国 B2C 市场规模较大的 3C 网购专业网络平台，是国内电子商务领域中最受消费群体青睐和最具深远影响的电子商务网络平台之一。京东商城拥有覆盖全国各地的 2 000 多万注册用户，以及近 6 000 余家供货商，在网上销售家用电器、数码通信、家具百货、服装服饰、母婴、教育图书、保健食品等品类上万个品牌近百万种优质产品，日均订单处理量突破 30 万单，网络每日访问量突破 5 000 万人次。

京东集团还分别设立了北京、上海和香港地区的全资分公司，把华北、华东和华南三点连成了一条线，并将我国主要区域市场全部涵盖到了京东商城的物流配送系统内；进一步加强和完善技术实力，进一步提高和健全售后服务、物流配送和市场推广等各领域的软件、硬件建设和业务环境。京东商城已经建立了北京、上海、广州、成都、沈阳、西安为中心的六大物流配送网络平台，希望能够给我国消费者带来更为便利的物流配送业务，进而深化和扩大经营发展。

京东商城创造了灵活多样的产品展现空间，用户查看、购买商品都可不受时间与区域的局限。并且，凭借多年建立的强大物流配送系统，用户也完全获得了"足未出户，坐享其成"的方便。目前，遍布在华北、华东、华南、西南的 4 个物流配送管理中心覆盖了全国各个城市。2009 年 3 月，京东商城建立了自己的速递服务公司，物流配送反应速度、服务水平得到全面升级。京东商城在为消费群体带来正品质量、机打发票、售后保障业务的同时，还提出了"价值保障""延保业务"等措施，最大限度地消除消费者的后顾之忧，有效保障了广大消费者的权益。京东商城也以其诚信模式，为国内电商企业树立了诚实经营的典范。

8.4　本章小结

　　本章简要介绍了江西省地理环境及优良农副产品、蔬菜产业就近原则的特征及优缺点，并简要阐述了电子商务种类以及蔬菜全产业链的电子商务；对我国蔬菜产业数字化营销存在的问题进行简要地列举并指出蔬菜产业数字化营销的三大方向，对直播带货、微商、京东商城做了详细介绍。

参 考 文 献

董方敏，王纪华，任东，2012. 农业物联网技术及应用 [M]. 北京：中国农业出版社.

樊兆博，林杉，陈清，等，2015. 滴灌施肥对设施番茄水氮利用效率及土壤硝态氮残留的影响 [J]. 中国农业大学学报，20 (1)：135-143.

冯高华，高梦，何人可，2017. 物联网产品品牌形成机理及其建设 [J]. 包装工程，38 (2)：50-54.

冯佳，2017. 基于物联网的城市生鲜农产品冷链物流模型的构建 [J]. 物联网技术，7 (1)：71-74.

高鹏，简红忠，魏样，等，2012. 水肥一体化技术的应用现状与发展前景 [J]. 现代农业科技 (8)：250, 257.

高祥照，2013. 水肥一体化是提高水肥利用效率的核心 [J]. 中国农业信息 (14)：3-4.

葛晶，2017. 我国智慧农业的管理模式、问题及战略对策 [J]. 生态经济，33 (11)：117-121, 133.

葛文杰，赵春江，2014. 农业物联网研究与应用现状及发展对策研究 [J]. 农业机械学报，45 (7)：222-230, 277.

龚炳铮，2012. 推进我国智能化发展的思考 [J]. 中国信息界 (1)：5-8.

何进宇，田军仓，2015. 旱作水稻水肥耦合模型及经济效应 [J]. 排灌机械工程学报，33 (8)：716-723.

何勇，聂鹏程，刘飞，2013. 农业物联网与传感仪器研究进展 [J]. 农业机械学报，44 (10)：216-226.

李道亮，杨昊，2018. 农业物联网技术研究进展与发展趋势分析 [J]. 农业机械学报，49 (1)：1-20.

宋艳，黄留锁，2017. 农业土壤含水率监测及灌溉系统研究：基于物联网模式 [J]. 农机化研究，39（4）：237-240.

唐珂，2013. 国外农业物联网技术发展及对我国的启示 [J]. 中国科学院院刊，28（6）：700-707.

田军红，2020. 关于现代农业蔬菜栽培技术对传统农业生产技术的影响 [J]. 农家参谋（14）：48.

吴战广，张献州，张瑞，等，2017. 基于物联网三层架构的地下工程测量机器人远程变形监测系统 [J]. 测绘工程，26（2）：42-47，51.

谢杨，2015. 基于云计算的现代农业物联网监控系统 [D]. 成都：西南交通大学.

阎晓军，王维瑞，梁建平，2012. 北京市设施农业物联网应用模式构建 [J]. 农业工程学报，28（4）：149-154.

杨大蓉，2014. 中国智慧农业产业发展策略 [J]. 江苏农业科学，42（4）：1-2.

杨刚乔，2020. 现代农业背景下的蔬菜栽培技术要点探讨 [J]. 种子科技，38（8）：45，47.

张婧，2020. 蔬菜无土栽培技术在郑州市阳台农业中的应用及推广 [J]. 乡村科技（9）：102-103.

赵璐，杨印生，2011. 农业物联网技术与农业机械化发展 [J]. 农机化研究，33（8）：226-229.

郑纪业，阮怀军，封文杰，等，2017. 农业物联网体系结构与应用领域研究进展 [J]. 中国农业科学，50（4）：657-668.

朱国仁，2008. 塑料棚室温室蔬菜病虫害防治 [M]. 3版. 北京：金盾出版社.

图书在版编目（CIP）数据

蔬菜全产业链数字化管理应用／黄国东等主编 . —北京：中国农业出版社，2024.5
ISBN 978 - 7 - 109 - 31963 - 9

Ⅰ. ①蔬…　Ⅱ. ①黄…　Ⅲ. ①蔬菜产业－产业链－研究－中国　Ⅳ. ①F326.13

中国国家版本馆 CIP 数据核字（2024）第 096554 号

中国农业出版社出版

地址：北京市朝阳区麦子店街 18 号楼
邮编：100125
责任编辑：冀　刚　　文字编辑：牟芳荣
版式设计：书雅文化　　责任校对：张雯婷
印刷：中农印务有限公司
版次：2024 年 5 月第 1 版
印次：2024 年 5 月北京第 1 次印刷
发行：新华书店北京发行所
开本：850mm×1168mm　1/32
印张：4.5　　插页：4
字数：110 千字
定价：48.00 元

辣椒高产栽培

番茄高产栽培

茄子高产栽培

冬瓜高产栽培

栗香型南瓜高产棚架栽培

南瓜棚架栽培

丝瓜高产棚架栽培

苦瓜高产棚架栽培

圆形瓠瓜高产棚架栽培

长条形瓠瓜高产棚架栽培

葫芦形瓠瓜高产棚架栽培

集约化育苗

培育无菌苗

高安辣椒连栋棚生态种植

吊挂黄蓝板绿色防控

数字农业栽培模式

高安农业物联网科技特派团开展辣椒数字监测系统调试

高安辣椒数字共享平台

江西省科技特派团高安蔬菜团赴育苗基地开展技术服务

高安农业物联网科技特派团开展服务